Preguntas y respuestas sobre la antigua China

Embárquese en un viaje fascinante por la historia y la cultura china, con 500 preguntas intrigantes y sus respuestas

Índice

Introducción

La antigua cultura china es una de las más antiguas e intrigantes del mundo. Se adelantó a su tiempo con sus avanzados inventos y sus inspiradores puntos de vista filosóficos.

China se hizo famosa por su producción de seda. Los griegos y los romanos la llamaban *Seres*, que significa «la tierra de donde viene la seda». Marco Polo se refirió a ella como *Catay*, y fue la primera persona que llevó un poco de China a Europa.

Esta antigua cultura se caracteriza por numerosas dinastías que nacieron de comunidades agrícolas y pequeñas aldeas. Las preguntas y actividades de este libro lo llevarán en un viaje a través de la historia, empezando por Xia, la primera dinastía. Descubrirá sus mitos y leyendas, que contenían algunos datos históricos. Las preguntas desvelarán los misterios de Xia.

Conocerá otras dinastías, como la Zhou, Qin, Han, Tang, Song y Ming, y sus avances en filosofía, poesía y arquitectura. Seguirá los pasos de los antiguos chinos con preguntas que desafiarán su imaginación.

La antigua China fue una de las civilizaciones más inventivas del mundo. Sus inventos y descubrimientos tuvieron un gran impacto en Europa y en el mundo. Las preguntas y actividades abrirán sus horizontes y le ayudarán a aplicar el pensamiento creativo para comprender la cultura y su historia.

Además, el libro lo lleva por un viaje espiritual, con preguntas que fomentan la reflexión personal y la exploración filosófica.

No se puede hablar de la antigua China sin mencionar la Ruta de la Seda, la ruta comercial más famosa de Asia. Encontrará preguntas que lo harán poner en los zapatos de los mercaderes, para comprender los retos y decisiones a los que se enfrentaban a diario.

Las preguntas y actividades son divertidas, interactivas y fascinantes. No solo encontrará preguntas de verdadero o falso y de opción múltiple, sino también escenarios para juegos de rol, situaciones de toma de decisiones, preguntas basadas en imágenes y mucho más. Encontrará la sección de *Respuestas*, al final de los capítulos.

¿Está listo para divertirse, desafiarse a sí mismo y aprender sobre la antigua China?

Capítulo 1: Los comienzos dinásticos: desvelando los misterios de Xia y Shang

Xia fue la primera y más antigua dinastía que gobernó en la antigua China, y a partir de ella inició una sucesión de dinastías. Durante siglos, los historiadores creyeron que era un mito, que no había existido. Sin embargo, en las décadas de 1960 y 1970, los arqueólogos descubrieron tumbas, obras de bronce y yacimientos que podrían pertenecer a la dinastía Xia. Algunos estudiosos siguen pensando que la dinastía Xia nunca existió, lo que aumenta su atractivo y la vincula a las leyendas y la mitología.

La dinastía Shang llegó después de derrocar a la dinastía Xia. Los historiadores que no creen que la dinastía Xia existiera están de acuerdo en que la dinastía Shang es el origen de la cultura china. La antigua China prosperó y se desarrolló durante esta época.

Los historiadores cuestionan la existencia de la dinastía Xia porque no está claro si las ciudades que descubrieron pertenecían a ella o a la dinastía Shang, ya que su arquitectura era muy similar.

Ahora que se ha familiarizado con las dinastías Xia y Shang, ponga a prueba sus conocimientos con divertidas preguntas.

Verdadero o falso

1. La dinastía Shang era conocida por su avanzado uso del bronce.
   - Verdadero
   - Falso

2. Según la mitología china, los primeros gobernantes de la antigua China eran similares a dioses y tenían superpoderes.
   - Verdadero
   - Falso

3. La dinastía Shang no sabía utilizar un calendario.
   - Verdadero
   - Falso

4. El río Amarillo se desbordaba a menudo durante la dinastía Xia.
   - Verdadero
   - Falso

5. Los caracteres chinos aparecieron por primera vez durante la dinastía Xia.
   - Verdadero
   - Falso

6. Durante la dinastía Xia, la mayoría de la población trabajaba en la agricultura.
   - Verdadero
   - Falso

7. Durante la dinastía Shang se inventaron instrumentos musicales.
   - Verdadero
   - Falso

8. Yu el Grande fue un tirano.
   - Verdadero
   - Falso

9. La dinastía Ming sustituyó a la dinastía Shang.
   - Verdadero
   - Falso

10. **La población solo se interesaba por la agricultura durante la dinastía Xia.**

- Verdadero

- Falso

Opción múltiple

Ahora las preguntas se hacen más divertidas. Imagine que es usted un viajero en el tiempo que acaba de aterrizar en la antigua China. Puede viajar a través de diferentes líneas temporales, lo que le permite explorar tanto la dinastía Xia, como la dinastía Shang. Dispone de un diario para escribir sus pensamientos y observaciones.

1. **Entrada del diario: Me pregunto quién fue el último gobernante de la dinastía Xia.**

A. Qin

B. Ming

C. Jie

D. Zhou

2. **Entrada del diario: Me pregunto cuánto tiempo gobernó China la dinastía Shang.**

A. 50 años

B. 100 años

C. 550 años

D. 650 años

3. **Entrada del diario: Me pregunto qué le ocurrió a Gun después de que fracasara en su intento de detener la inundación.**

A. Fue premiado por sus esfuerzos

B. Yu Shun lo encarceló

C. Se retiró de la vida pública y pasó el resto de sus días con su familia

D. Desapareció y nadie supo qué le pasó

4. Entrada del diario: Me pregunto qué animales utilizaban los Shang para los huesos del oráculo.

A. Ballenas y leopardos

B. Osos y nutrias

C. Lobos y monos

D. Bueyes y tortugas

5. Entrada del diario: Me pregunto quién fue el gobernante más longevo de Xia.

A. Bu Jiang

B. Emperador Qi

C. Shao Kang

D. Tai Kang

6. Entrada del diario: Me pregunto qué escribían los Shang en los huesos de oráculo.

A. Las leyes de la antigua China

B. Preguntas

C. Nombres de personas

D. Hechizos mágicos

7. Entrada del diario: Me pregunto cuántas clases sociales había en la antigua China durante la dinastía Xia.

A. Tres

B. Cuatro

C. Cinco

D. Seis

8. Entrada del diario: Me pregunto qué hizo pensar a los arqueólogos que el pueblo Shang creía en la vida después de la muerte.

A. Por la forma en que fueron enterrados los cuerpos

B. Había escrituras en los huesos

C. Estudiar los cuadros de las paredes de las tumbas

D. Encontrar armas y alimentos enterrados con los reyes

9. Entrada del diario: Me pregunto cuándo terminó la dinastía Xia.

A. 1600 a. C.

B. 1500 a. C.

C. 1400 a. C.

D. 1200 a. C.

10. Entrada del diario: Me pregunto qué era Anyang en la dinastía Shang.

A. Su gobernante más longevo

B. La capital

C. Una religión

D. La esposa de Cheng Tang

Rellene los espacios

1. El legendario fundador de la dinastía Xia fue _____.

2. La dinastía Shang era poderosa porque tenía un fuerte _____.

3. La dinastía Xia utilizaba herramientas agrícolas hechas de _____ y _____.

4. Los enemigos capturados por los ejércitos Shang durante las guerras trabajaban como _____.

5. El rey Xia que introdujo el culto a los antepasados fue _____.

6. El dios supremo Shang se llamaba _____.

7. Yu el Grande dividió China en _____ provincias.

8. La dinastía Xia tuvo _____ gobernantes.

9. El gobernante Xia _____ introdujo la sucesión familiar.

10. El _____ dio a los soldados Shang una ventaja en la batalla.

Respuestas cortas

1. Nombre un yacimiento arqueológico importante asociado a la dinastía Shang.

   _____

   _____

   _____

2. ¿Por qué era famoso Yu el Grande?

   _____

   _____

   _____

3. Si Xia no existió, ¿quién creen los historiadores que la inventó?

   _____

   _____

   _____

4. ¿La dinastía Shang es real o un mito?

   _____

   _____

   _____

5. Los reyes Shang eran dioses. ¿Mito o realidad?

   _____

   _____

   _____

6. Mencione una pregunta que el pueblo Shang podría haber escrito en huesos de oráculo.

   _____

   _____

   _____

7. Ningún yacimiento arqueológico prueba la existencia de la dinastía Xia. ¿Mito o realidad?

_____

_____

_____

8. ¿Cómo se llama al río Amarillo?

_____

_____

_____

9. ¿Sobre qué se construyó la economía Shang?

_____

_____

_____

10. Los historiadores no oyeron hablar de la dinastía Xia hasta que descubrieron la dinastía Shang. ¿Mito o realidad?

_____

_____

_____

Identifique las imágenes

1. Identifique a qué dinastía perteneció este artefacto y nombre un rasgo característico de su diseño.

Imagen 1

Respuesta: _____

2. Identifique esta imagen y a qué dinastía perteneció.

Imagen 2

Respuesta: _____

3. Nombre a este gobernante e identifique a qué dinastía pertenecía.

Imagen 3

Respuesta: _____

4. Identifique esta imagen y de qué dinastía procede.

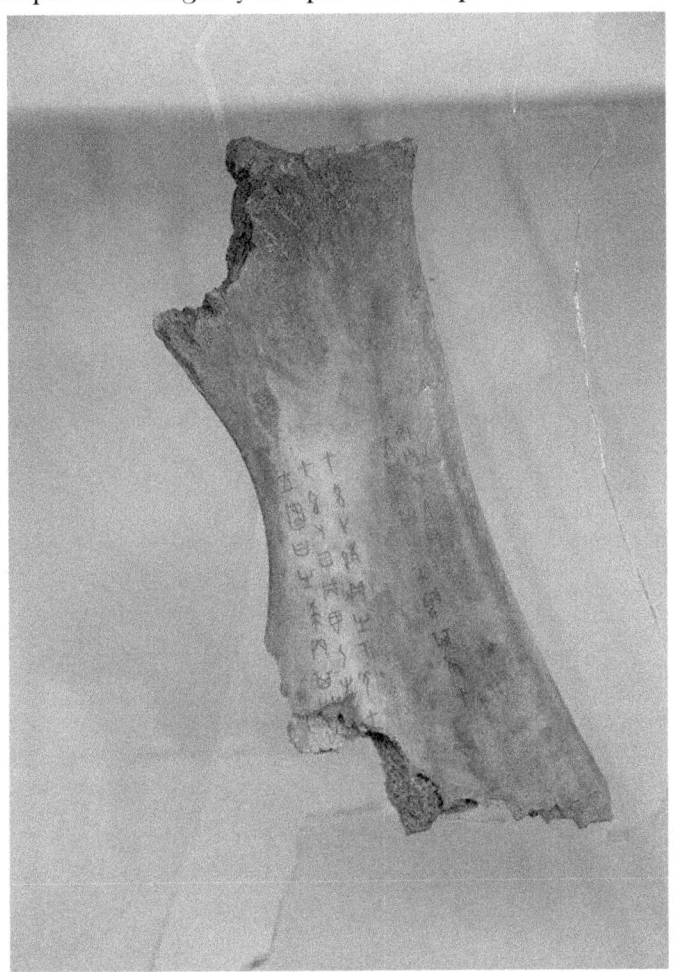

Imagen 4

Respuesta: _____

5. Identifique esta imagen y la dinastía de la que procede.

Imagen 5

Respuesta: _____

6. Identifique esta imagen y la dinastía de la que procede.

Imagen 6

Respuesta: _____

7. Identifique esta imagen y la dinastía de la que procede.

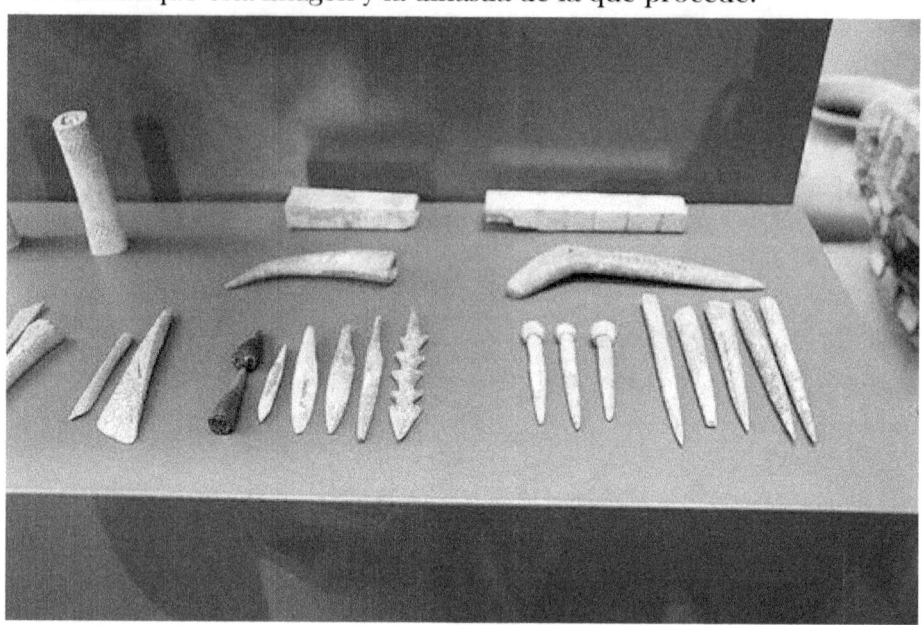

Imagen 7

Respuesta: _____

8. Identifique esta imagen y la dinastía de la que procede.

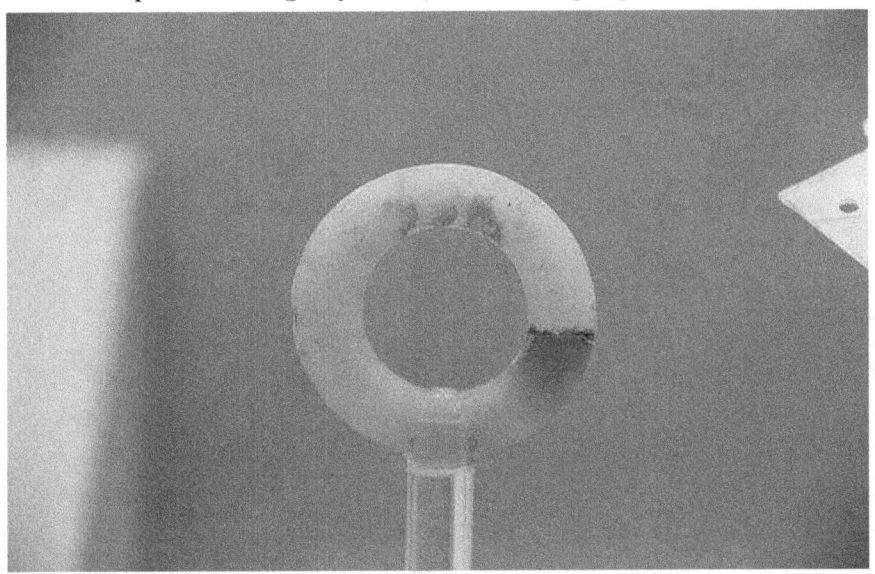

Imagen 8

Respuesta: _____

9. Identifique esta imagen y la dinastía de la que procede.

Imagen 9

Respuesta: _____

10. Identifique esta imagen.

Imagen 10

Respuesta: _____

Respuestas

Verdadero o falso

1. **Verdadero** (*La era Shang se denomina a menudo La Edad de Bronce de China, porque utilizaban el bronce para fabricar recipientes rituales, piezas de carros y armas*).

2. **Verdadero** (*Según una leyenda china, los primeros gobernantes de la antigua China tenían poderes divinos y ayudaron a crear a los humanos. Se cree que inventaron la agricultura, la medicina, la caza, la pesca y la escritura. Gobernaron hasta el ascenso de la dinastía Xia*).

3. **Falso** (*Durante la dinastía Shang, la gente tenía grandes conocimientos de matemáticas y astronomía, e incluso aprendieron a utilizar un calendario. Un hombre llamado Wan-Nien desarrolló un calendario basado en el sol, con 365 días al año*).

4. **Verdadero** (*El río Amarillo se desbordó y perturbó la agricultura. Un hombre llamado Gun, descrito en muchas leyendas como un semidiós, consiguió controlar la crecida. Sin embargo, fue temporal. Su hijo, Yu el Grande, descubrió una solución permanente. Construyó canales para dirigir el agua hacia el mar y proteger al pueblo de las inundaciones*).

5. **Falso** (*Los caracteres chinos aparecieron por primera vez durante la dinastía Shang. La gente escribía a menudo sobre caparazones de tortuga y huesos de ganado. También tenían dos sistemas numerológicos: 1-12 y 1-10*).

6. **Verdadero** (*Durante la dinastía Xia, la gente trabajaba como agricultores. También inventaron el riego artificial de la tierra*).

7. **Verdadero** (*Varios instrumentos musicales, como los tambores, las flautas de hueso, los carillones y las campanas, se inventaron durante la dinastía Shang*).

8. **Falso** (*Yu el Grande protegió a la gente de las inundaciones, lo que salvó a muchos de morir ahogados y desplazados. Muchos lo consideraban un héroe, pero él seguía siendo humilde*).

9. **Falso** (*La dinastía Zhou provocó la caída de la dinastía Shang. El último gobernante de Shang, Di Xin, descuidó a su pueblo y solo se concentró en sí mismo y en sus deseos, lo que provocó la caída*

de su imperio).

10. **Falso** *(El pueblo Xia creó una gran variedad de trabajos en metal y utilizó el bronce para fabricar armas y arte).*

Opción múltiple

1. **C. Jie** *(Jie fue un gobernante cruel y tirano, cuya afición a la bebida, decisiones desacertadas y mal comportamiento provocaron la caída de la dinastía Xia).*

2. **C. 550 años** *(La dinastía Shang permaneció en el poder entre 500 y 550 años. En este lapso, inventaron la escritura, avanzaron en la tecnología del bronce y formaron un gobierno).*

3. **B.** *Yu Shun lo encarceló (también se cree que pudo ser exiliado a las montañas).*

4. **D. Bueyes y tortugas** *(El pueblo Shang utilizaba huesos de buey y caparazones de tortuga para practicar la adivinación, lo que les ayudaba a ver el futuro y adquirir nuevos conocimientos).*

5. **A. Bu Jiang** *(Bu Jiang gobernó la dinastía Xia durante 59 años, y era conocido por su sabiduría. Tras este tiempo, pasó el trono a su hermano menor, Jiong, y murió diez años después).*

6. **B. Preguntas** *(Los adivinos o sacerdotes Shang enviaban preguntas a los dioses, buscando saber cosas acerca del tiempo, las plantas o el futuro. Los huesos de oráculo encontrados por los arqueólogos tienen unos 3500 años de antigüedad).*

7. **B. Cuatro** *(Había cuatro clases sociales en la dinastía Xia: esclavos, campesinos, artesanos y aristócratas).*

8. **D. Encontrar armas y alimentos enterrados con los reyes** *(Las antiguas culturas que creían en el más allá enterraban a sus miembros de la realeza y a otras figuras importantes con objetos que podrían necesitar en el otro mundo, como armas, alimentos y bronce).*

9. **A. 1600 a. C.** *(El último gobernante de Xia, Jie, fue un tirano que provocó la caída de la dinastía. Cheng Tang lo derrocó e inició la dinastía Shang).*

10. **B. La capital** *(Yin Xu fue la capital de la dinastía Shang, y estaba cerca de Anyang, la primera ciudad china estable. Sin embargo, algunas personas se refieren a Anyang como la capital de la dinastía Shang).*

Rellene los espacios

1. **Yu el Grande** *(Fue uno de los descendientes del emperador Amarillo, que creó la cultura china. Muchos siguen creyendo que Yu fue una figura mítica, pero algunos hallazgos históricos indican que existió y que fue capaz de detener el diluvio).*

2. **Ejército** *(La dinastía Shang contaba con un ejército poderoso y organizado. También estaban equipados con armas muy sofisticadas, como puntas de lanza y espadas de bronce, que eran más fuertes que las armas que utilizaban sus oponentes. Esto les daba ventaja en la batalla).*

3. **Piedra y huesos** *(Aunque el bronce era de uso común durante la dinastía Xia, las herramientas cotidianas de los agricultores estaban hechas de hueso y piedra).*

4. **Esclavos** *(En la dinastía Shang, los prisioneros de guerra eran asesinados o esclavizados).*

5. **Shao Kang** *(Shao Kang fue el sexto rey de la dinastía Xia y uno de sus más grandes gobernantes. El culto a los antepasados es una antigua creencia religiosa que se basa en el respeto a los muertos. Se cree que cuando un miembro de la familia muere, se vuelve cercano a los dioses y puede perjudicar o ayudar a los vivos).*

6. **Shangdi** *(Shangdi era la deidad china más importante de la antigüedad. Era responsable de las inundaciones, las cosechas y las victorias en batalla. Solo los reyes podían comunicarse con él, a través de los espíritus de sus antepasados).*

7. **Nueve** *(Las nueve provincias eran Ji, Yan, Qing, Xu, Yang, Jing, Yu, Yong y Liang).*

8. **Diecisiete** *(La dinastía Xia tuvo 17 reyes. Sin embargo, muchos de ellos fueron opresores, crueles y tiranos, como Jie, y algunos fueron valientes y justos, como Yu el Grande).*

9. **Yu el Grande** *(Yu el Grande nombró a su hijo Qi sucesor en su lecho de muerte. Antes, los emperadores chinos eran elegidos en función de sus habilidades y capacidades. Al elegir a su hijo, Yu inició la dinastía Xia. Los futuros gobernantes siguieron su ejemplo y eligieron a uno de sus hijos o a un miembro de su familia para que fuera su sucesor antes de su muerte).*

10. **Carro** *(El ejército Shang tenía muchas armas avanzadas, pero el carro fue su invento bélico más poderoso. Domesticaron caballos,*

pero eran demasiado pequeños para montarlos, así que utilizaron el carro para aprovechar su fuerza. Esto permitió a los soldados desplazarse y viajar más rápido que sus enemigos).

Respuestas cortas

1. **Yin Xu** *(Yin Xu se encuentra en el sur de Pekín y dio comienzo a la Edad de Oro de la antigua China, que fue testigo del avance de las ciencias y la construcción. Alberga antiguos palacios chinos, tumbas, santuarios reales y mucho más).*

2. **Detener la inundación** *(Detener la inundación fue el mayor logro de Yu. Se dice que se negó a volver a casa hasta que terminó el proyecto, que duró trece años. Pasó tres veces por delante de su casa, y su mujer y su hijo lo llamaban, pero él no les contestaba. Sus colegas le suplicaron que se fuera a casa a descansar, pero él se negó. Decía que la inundación había matado a mucha gente y dejado sin hogar a muchas familias, así que no iba a descansar hasta que todos estuvieran a salvo).*

3. **La dinastía Zhou** *(Algunos eruditos piensan que Xia no fue una dinastía real. Los gobernantes de la dinastía Zhou querían convencer al pueblo de que las dinastías anteriores habían caído porque sus reyes eran inmorales. Utilizaron la dinastía Xia como ejemplo de reinos que habían decaído porque sus gobernantes no seguían las reglas del cielo).*

4. **Real** *(Durante siglos, los eruditos no pudieron demostrar que la dinastía Shang existió. Sin embargo, descubrieron inscripciones en huesos de oráculo que coinciden con textos que se escribieron siglos después, lo que prueba que la dinastía Shang fue real).*

5. **Mito** *(Los Shang no eran una ciudad mítica, y sus reyes eran seres humanos normales, pero creían que eran gobernantes divinos que podían conectar con sus antepasados).*

6. **«¿Ganaremos la guerra?»** *(El pueblo Shang hacía diferentes preguntas a los dioses, como si se curaría una enfermedad, si una temporada agrícola tendría éxito o cuestiones relacionadas con el ejército. También hacían preguntas personales, como si tendrían un hijo, si debían ir de caza o no, o si su amada aceptaría su propuesta de matrimonio).*

7. **Mito** *(Los arqueólogos encontraron restos de graneros y un palacio en Henan, en China Central, de hace 4000 años. Creen que el*

yacimiento de la antigua ciudad de Xinmi y el templo de Zhuqiu pertenecieron a la dinastía Xia).

8. **Cuna de la civilización** *(El río Amarillo recibió ese nombre porque en torno a él se construyeron las dinastías más antiguas de China. También recibe otros nombres, como río Madre, río Huang He, orgullo de China y dolor de China, porque mató a mucha gente durante las inundaciones).*

9. **Agricultura** *(La economía de la dinastía Shang se basaba en la construcción, la agricultura y el comercio, pero la agricultura era la columna vertebral económica de la dinastía).*

10. **Mito** *(Los historiadores descubrieron la dinastía Xia a partir de antiguos escritos chinos, como los* Registros del gran historiador *y el* Clásico de la historia*).*

Identifique las imágenes

1. **Shang/hecha de bronce** *(Muchas vasijas de bronce representan el respeto y el poder en la dinastía Shang. Cada pieza tiene características únicas, lo que las hace más fascinantes. Los miembros de la realeza utilizaban estos recipientes en diversos rituales).*

2. **Carro/dinastía Shang** *(Los antiguos carros chinos solo tenían dos ruedas y eran tirados por dos caballos. Estaban hechos de bronce, caña, ratán, bambú y madera. Es común encontrar carros en muchos enterramientos. Se utilizaban sobre todo para la caza, para las ceremonias y para dar prestigio a los emperadores).*

3. **El rey Tang, de Shang** *(El rey Tang estableció la dinastía Shang, liderando una revolución contra el tirano Jie, de Xia. Fue lo suficientemente valiente como para levantarse y protestar por los malos tratos infligidos al pueblo chino. Su última batalla contra el gobernante de Xia se llamó la batalla de Mingtiao, que resultó en la derrota de Jie).*

4. **Huesos de oráculo de la dinastía Shang** *(También se llaman huesos de dragón. Los símbolos tallados se convirtieron en caracteres chinos reconocibles. Los adivinos escribían o pintaban palabras en un caparazón de tortuga o en un hueso de animal y lo calentaban hasta que se agrietaba. Utilizaban la dirección de la grieta para adivinar el futuro. Aunque otras dinastías también utilizaban huesos de oráculo para predecir el futuro, esta práctica fue más*

común durante la dinastía Shang).

5. **Cerámica de la dinastía *Xia*** *(La cerámica Xia se caracteriza por ser práctica y sencilla. Estaba hecha de arcilla marrón o gris. Muchas piezas estaban decoradas con motivos geométricos. Utilizaban la cerámica para fabricar platos, cuencos, jarras y otros objetos cotidianos).*

6. **Cascos de la dinastía Shang** *(Los Shang eran conocidos por tener un ejército poderoso y armas avanzadas. Sus cascos eran de gran calidad y estaban hechos de bronce, para proteger a los guerreros de la dinastía).*

7. **Artefactos de hueso de la dinastía Shang** *(El pueblo Shang utilizaba los huesos para fabricar diversos artefactos que usaban a diario para cocinar, pescar o cazar, como arpones y puntas de lanza. También los utilizaban para fabricar horquillas para el pelo, que las mujeres utilizaban a diario).*

8. **Anillo de jade de la dinastía Shang** *(El jade es un tipo de piedra que era popular entre los nobles y reyes Shang. Colocaban anillos de jade con los muertos en sus tumbas, para proteger el cuerpo de la putrefacción. La piedra se asociaba con la riqueza).*

9. **Cauri de piedra de la dinastía Shang** *(Los cauríes de piedra eran objetos valiosos y se consideraban un signo de riqueza).*

10. **El río Amarillo** *(Es la cuna de la antigua civilización china, por lo que se le llama el «Río Madre»).*

Capítulo 2: Filosofías, feudalismo y estados en guerra

La dinastía Zhou fue una de las más importantes de la antigua China. Surgió tras el declive de la dinastía Shang y fue seguida por la dinastía Qin. Las dinastías Shang y Zhou comparten muchas características. Además, introdujeron diferentes filosofías y conceptos para diferenciarse de otras dinastías.

Este capítulo abarca curiosidades divertidas e intrigantes sobre la dinastía Zhou.

Verdadero o falso

1. La dinastía Zhou se dividió en dos periodos.

- Verdadero
- Falso

2. La dinastía Zhou fue la más longeva de la historia china.

- Verdadero
- Falso

3. *El* Mandato del cielo se introdujo antes de la dinastía Zhou.

- Verdadero
- Falso

4. La dinastía Zhou cayó porque su último gobernante era un borracho y un tirano.

- • Verdadero
- • Falso

5. La dinastía Zhou gobernó China utilizando el sistema feudal.

- • Verdadero
- • Falso

6. La dinastía Zhou sólo utilizaba el bronce para fabricar sus armas.

- • Verdadero
- • Falso

7. Zhou Oriental fue anterior a Zhou Occidental.

- • Verdadero
- • Falso

8. Los artefactos de cerámica fueron populares durante la dinastía Zhou.

- • Verdadero
- • Falso

9. La filosofía budista comenzó durante la dinastía Zhou.

- • Verdadero
- • Falso

10. Los antiguos chinos siguieron rindiendo culto a Shangdi durante toda la dinastía Zhou.

- • Verdadero
- • Falso

Opción múltiple

1. ¿Cuáles son las similitudes entre la dinastía Shang y la dinastía Zhou?

    A. La práctica de la adivinación

    B. El uso de recipientes rituales de bronce

    C. Rituales religiosos

    D. Todas las anteriores

2. ¿Qué metal se introdujo durante la dinastía Zhou?

    A. Plata

    B. Hierro

    C. Oro

    D. Bronce

3. ¿Cómo se llamó el periodo en el que varios estados chinos lucharon entre sí por la conquista territorial?

    A. La Edad de Oro de China

    B. Dinastía Xia

    C. Período de los Estados Combatientes

    D. Dinastía Shang

4. ¿Cómo se llama la batalla en la que el ejército de los Zhou derrotó al de los Shang?

    A. La batalla de Zhou

    B. La batalla de Yang

    C. La batalla del río Amarillo

    D. La batalla de Muye

5. ¿Qué significaba el hambre y las catástrofes naturales según el Mandato del cielo?

    A. El fin del mundo

    B. No habrá cosecha este año

    C. El emperador fracasó y debe ser sustituido

    D. Este año no nacerá ningún niño

6. ¿Quién fue llamado «El Hijo del Cielo»?

    A. Un poeta famoso

    B. Un héroe mítico

    C. Un valiente guerrero

    D. Los gobernantes de Zhou

7. ¿En cuántas clases estaba dividida la dinastía Zhou?

    A. Tres

    B. Cuatro

    C. Cinco

    D. Seis

8. Según el Mandato del cielo, ¿cuándo podía el pueblo derrocar a su gobernante?

    A. Cuando no podía tener hijos

    B. Cuando gobernaba injustamente

    C. Cuando empezaba a perder la memoria

    D. Cuando el pueblo encontrara un gobernante mejor

9. ¿Cómo llamaban los Zhou al cielo?

    A. Tian

    B. Yang

    C. Wu

    D. Zeus

10. ¿Cómo se conoció el periodo de Zhou Oriental?

    A. Verano e Invierno

    B. Primavera y Otoño

    C. El Yin y el Yang

    D. Blanco y Negro

Rellene los espacios

1. La creencia de que solo debe haber un gobernante elegido por los dioses se denomina _____.

2. La mayoría de la gente de la dinastía Zhou eran _____.

3. La dinastía Zhou creía que la _____ había perdido el Mandato del cielo.

4. Las tierras de cultivo pertenecían a los _____.

5. El mayor logro de la dinastía Zhou fue _____.

6. El maestro daoísta más famoso fue _____.

7. La filosofía que fomenta vivir en armonía con la naturaleza se denomina _____.

8. La dinastía Zhou mejoró el comercio utilizando _____ y _____.

9. La antigua China entró en la _____ durante la dinastía Zhou.

10. El famoso libro _____ de Sun Tzu fue escrito durante la dinastía Zhou.

Respuestas cortas

1. Mencione una contribución importante del confucianismo a la sociedad china.

   _____

   _____

   _____

2. ¿Cuáles son las cinco virtudes según Confucio?

   _____

   _____

   _____

3. ¿Qué filosofías se crearon durante la dinastía Zhou?

   _____

   _____

   _____

4. ¿Por qué pensaba Confucio que China debía volver a la ética?

   _____

   _____

   _____

5. Nombre un arma importante que el pueblo Zhou inventó durante el periodo de los Estados Combatientes.

   _____

   _____

   _____

El rincón del filósofo

1. ¿Cree que las personas nacen malvadas y egoístas y que deben ser controladas con leyes estrictas?

   _____

   _____

   _____

2. ¿Cree que el sistema feudal es un sistema de gobierno justo?

_____

_____

_____

3. ¿Está de acuerdo con Confucio en que hay que amar a todo el mundo?

_____

_____

_____

4. ¿Cree que todas las personas pueden ser buenas?

_____

_____

_____

5. ¿Cree que todo en el universo está conectado, incluyendo lo bueno y lo malo?

_____

_____

_____

Identifique las imágenes

1. Nombre a esta importante figura.

周武王 （？ 一前1042 ） 明人绘

Imagen 11

Respuesta: _____

2. Identifique la dinastía a la que pertenecen estas monedas y comente una actividad económica clave durante ese periodo.

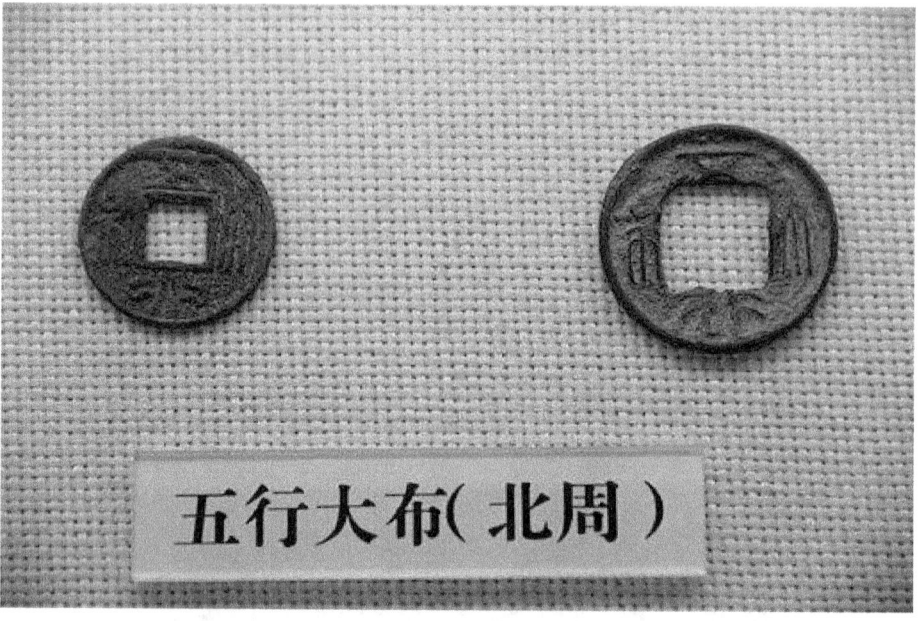

Imagen 12

Respuesta: _____

3. Identifique este objeto y mencione para qué se utilizaba.

Imagen 13

Respuesta: _____

4. Nombre a este famoso filósofo y mencione una de sus citas célebres.

Imagen 14

Respuesta: _____

5. Identifique el periodo al que pertenece esta vasija de cerámica.

Imagen 15

Respuesta: _____

6. Nombre esta arma, de qué estaba hecha y de qué época procede.

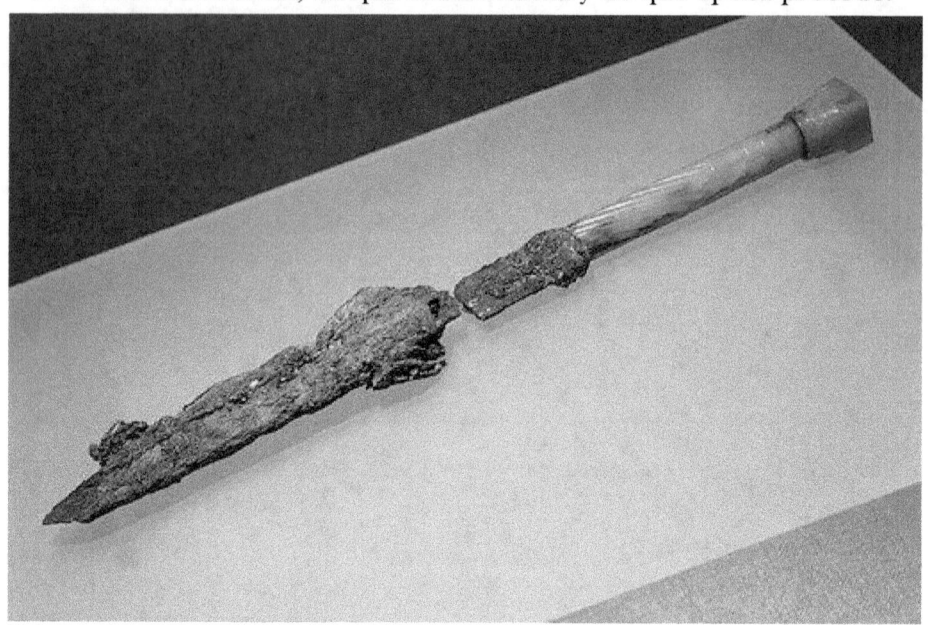

Imagen 16

Respuesta: _____

7. Nombre a este famoso filósofo y mencione un hecho sobre él.

Imagen 17

Respuesta: _____

8. ¿A qué dinastía pertenece este artefacto? Mencione la importancia de estas inscripciones.

Imagen 18

Respuesta: _____

9. Identifique este objeto y mencione de qué estaba hecho.

Imagen 19

Respuesta: _____

10. Identifique la dinastía de la que procede este artefacto y mencione de qué estaba hecho.

Imagen 20

Respuesta: _____

Respuestas

Verdadero o falso

1. **Verdadero** *(La dinastía Zhou se divide en Zhou Occidental, que duró entre el 1046 y el 771 a. C., y Zhou Oriental, del 771 al 256 a. C. El periodo de Zhou Occidental fue testigo del comienzo del feudalismo, que era común en muchos países europeos. El feudalismo era un sistema en el que los nobles daban a los agricultores y campesinos tierras y protección y, a cambio, estos trabajaban y luchaban para la clase alta. Los Zhou orientales llegaron tras el fin del periodo occidental y siguieron este modelo. Sin embargo, con el tiempo, se produjeron varias guerras entre los estados chinos, que dieron lugar al periodo de los Estados Combatientes).*

2. **Verdadero** *(La dinastía Zhou duró 789 años, entre el 1046 y el 256 a. C. Muchas razones contribuyeron a su longevidad. La adopción del sistema feudal aportó estabilidad al país. Durante este tiempo, China experimentó múltiples cambios e innovaciones. Se produjeron nuevos avances en la irrigación, que mejoraron la agricultura y abrieron la puerta para que más gente emigrara al país).*

3. **Falso** *(El Mandato del cielo se creó durante la dinastía Zhou. Era una fuente divina que otorgaba a los reyes chinos el derecho a gobernar. El dios Zhou Tian elegía al gobernante adecuado y solo había un rey legítimo a la vez. El emperador debía tener cualidades honorables y una moral y una ética fuertes. Los Zhou crearon el Mandato del cielo para justificar el derrocamiento de la dinastía Shang, cuyo último rey era injusto y cruel, y descuidaba sus deberes).*

4. **Falso** *(La dinastía Zhou se desmoronó gradualmente por diversas razones. El sistema feudal desempeñó un gran papel en el declive de la dinastía. El rey concedía tierras a los miembros de su familia o a los nobles, lo cual le ayudaba a mantener el control sobre China, ya que personas de su confianza gobernaban diferentes partes del país. Sin embargo, estas tierras se convirtieron en estados y empezaron a ganar poder, lo que condujo al periodo de los Estados Combatientes, que duró siglos. La dinastía Qin aprovechó la división de China, conquistó el país y acabó con la*

dinastía Zhou).

5. **Verdadero** *(El emperador entregaba tierras a personas de su confianza y estas permitían a los campesinos trabajar en ellas. Sin embargo, el feudalismo no funcionó en la antigua China, ya que debilitó la autoridad del emperador, lo que condujo al fin de la dinastía Zhou).*

6. **Falso** *(La dinastía Zhou utilizó el bronce y el hierro para fabricar armas. Aunque la dinastía Shang también utilizó el hierro, la Edad de Hierro no comenzó hasta la segunda mitad de la dinastía Zhou).*

7. **Falso** *(Los antiguos chinos vivieron en paz durante el periodo de Zhou Occidental. Sin embargo, cuando los nobles se hicieron poderosos y se rebelaron contra el rey, su hijo escapó a Luoyang, que se convirtió en la capital de los Zhou orientales).*

8. **Verdadero** *(La cerámica desempeñó un gran papel en la antigua cultura china, y los artesanos crearon muchos artefactos de cerámica, como vasijas de altar y urnas funerarias).*

9. **Falso** *(Durante la dinastía Zhou surgieron muchas escuelas filosóficas. La gente empezó a pensar de forma diferente y cambió su forma de vivir y de ver el mundo. El Mandato del cielo es el mayor ejemplo de cómo los antiguos chinos adoptaron nuevos pensamientos y creencias. Confucio y Lao Tzu también introdujeron nuevas filosofías de gran impacto en la sociedad Zhou. Sin embargo, el budismo no comenzó en China hasta la dinastía Han, en el siglo V).*

10. **Falso** *(Los antiguos chinos adoraban a Shangdi durante el periodo de Zhou Occidental. La dinastía Shang influyó en las creencias religiosas de los Zhou. Sin embargo, con el tiempo, se alejaron de las creencias Shang y crearon unas propias, donde adoraban a su dios, Tian).*

Opción múltiple

1. **D. Todas las anteriores** *(Las dinastías Shang y Zhou compartían muchas costumbres, especialmente durante el periodo de Zhou Occidental. Ambas practicaban la adivinación, utilizaban recipientes rituales de bronce y realizaban rituales religiosos. También eran agricultores y trabajaban en los avances de la irrigación).*

2. **B. Hierro** *(Después de que la dinastía Zhou conquistara a la dinastía Shang y se hiciera con el control, el país entró en una era de innovación y tecnología avanzada, utilizando el hierro para crear poderosas armas).*

3. **C. El periodo de los Estados Combatientes** *(En el siglo V, la dinastía Zhou Oriental se estaba desmoronando. Mientras se debilitaba, los demás estados se hacían más fuertes. Oriente no podía depender de su ejército; ya no era tan poderoso como antes, y tenían que pedir apoyo militar a otros estados. Estos estados aprovecharon la situación para ampliar sus territorios. En el siglo IV, cien pequeños estados se unieron y crearon siete grandes estados: Zhao, Yan, Wei, Qin, Qi, Han y Chu. Se hicieron tan poderosos, que se separaron de la dinastía Zhou, y cada uno tuvo su propio rey. Los siete estados querían aumentar su poder y ampliar sus territorios, por lo que se atacaron mutuamente, dando lugar a 358 guerras, que dieron nombre al periodo).*

4. **D. La batalla de Muye** *(Fue una de las batallas más grandes e importantes de la historia de China, que terminó con la victoria de Zhou y el establecimiento de la dinastía. Fue una guerra difícil, que duró años. El rey Wu, de Zhou estaba en inferioridad numérica, pero también era un inteligente general del ejército, con tácticas y estrategias eficaces, lo que le dio ventaja).*

5. **C. El rey fracasó y debe ser reemplazado** *(El rey debía tener muchas cualidades para gobernar en la antigua China. Si se volvía cruel y tirano, los dioses enviaban hambrunas y desastres naturales como, señal de que el rey debía ser reemplazado).*

6. **D. Los gobernantes de Zhou** *(Según el Mandato del cielo, al rey chino se le llamaba «Hijo del Cielo» porque los dioses lo elegían).*

7. **A. Tres** *(El feudalismo dividía la sociedad en emperadores, nobles y campesinos. Cada clase debía servir a su superior. El emperador entregaba tierras a los nobles, quienes, a cambio, le proporcionaban apoyo militar. Los campesinos pagaban a los nobles con servicios y bienes para poder utilizar las tierras).*

8. **B. Cuando gobernaba injustamente** *(El Mandato del cielo era sagrado, y sus reglas claras. El rey no tenía que ser de noble cuna; debía ser moral, justo y bueno. Si se convertía en un tirano, perdía el Mandato del cielo y debía ser derrocado).*

9. **A. Tian** *(Tian significa cielo y dios, y es una de las palabras chinas más antiguas. Los antiguos chinos creían que Tian traía la justicia y la paz a la humanidad, a través del gobernante, que era la única persona que podía comunicarse con dios y el cielo).*

10. **B. Primavera y Otoño** *(El periodo de Primavera y Otoño duró entre el 771 y el 476 a. C., y se refiere a una época anterior al periodo de los Estados Combatientes, en la que el rey empezó a perder poder y los estados feudales se hicieron más fuertes. A este periodo también se le llamó las «Cien Escuelas de Pensamiento» porque muchos filósofos, como Confucio, aparecieron durante esa época).*

Rellene los espacios

1. **Mandato del cielo** *(El gobernante era el hombre más poderoso de la Tierra y tenía muchas responsabilidades para con su pueblo).*

2. **Agricultores** *(Los campesinos tenían una vida dura y eran obligados a servir en el ejército, pero los nobles los protegían de los enemigos de la dinastía).*

3. **Dinastía Shang** *(La dinastía Zhou creía que había que derrocar a la dinastía Shang porque su último rey era un tirano cruel que torturaba a su pueblo. No era apto para gobernar porque no era justo ni digno de ser llamado «Hijo del Cielo»).*

4. **Nobles leales** *(Durante la dinastía Zhou, China se expandió y el rey no podía gobernarla solo, así que entregó tierras a nobles en los que confiaba y estos le juraron lealtad).*

5. **El hierro fundido** *(La invención del hierro fundido cambió la dinastía Zhou y la antigua China. Les ayudó a fabricar herramientas y armas duraderas y poderosas que fortalecieron su ejército).*

6. **Lao Tzu** *(Lao Tzu fue el padre del daoísmo o taoísmo. Es uno de los filósofos más famosos del mundo. Se le llamaba «Viejo Maestro» o «Anciano». Algunos historiadores creen que Tzu nunca existió, y que el nombre de Lao Tzu representaba una mezcla de diferentes filósofos. Están de acuerdo en que fue una figura mítica que simbolizaba la idea de un maestro espiritual. Los seguidores de la religión taoísta lo consideran un dios. Sin embargo, según la tradición china, existió realmente, en el siglo VI).*

7. **Taoísmo** *(El taoísmo es una antigua filosofía china influenciada por las creencias religiosas populares chinas. Se convirtió en la religión oficial del país durante la dinastía Tang. Enseña a las personas a dejarse llevar por la corriente y hacer lo que resulta natural).*

8. **Carreteras y monedas** *(La dinastía Zhou utilizó monedas de metal y creó más carreteras para mejorar el comercio en China. Las carreteras ayudaron a los mercaderes a distribuir recursos y bienes entre los estados chinos. El éxito del comercio hizo ricos a los mercaderes, que se aprovecharon de los campesinos y los hicieron trabajar para ellos).*

9. **Edad de Hierro** *(La Edad de Hierro comenzó en la antigua China durante el periodo comprendido entre la Primavera y el Otoño y los Estados Combatientes).*

10. ***El arte de la guerra*** *(El libro fue escrito en el siglo V, durante la dinastía Zhou. Sun Tzu fue un general y estratega militar chino. Al igual que Lao Tzu, los historiadores debaten sobre su existencia. Lo que saben es que alguien que vivió durante esta época escribió* El arte de la guerra. *Es uno de los libros más influyentes del mundo sobre la guerra y contiene información sobre la localización del enemigo, tácticas militares y mucho más).*

Respuestas cortas

1. **Ética y moral** *(Confucio fue uno de los filósofos y maestros más importantes de China. Se escribieron muchos libros sobre sus ideas acerca de la ética, la moral y el buen comportamiento. El confucianismo destaca la importancia de ser una buena persona, y explica cómo esto afecta a los demás y al mundo. Por ejemplo, los reyes deben ser amables y tener buena moral si quieren que su gobierno sea pacífico. Sus pensamientos son similares a los del Mandato del cielo. Incluso menciona que los desastres naturales ocurren cuando los gobernantes y la gente ignoran las enseñanzas de sus antepasados. Decía que una buena persona debía ser humilde, respetuosa y desinteresada).*

2. **Fidelidad (lealtad), corrección (decencia), sabiduría, rectitud y benevolencia (amabilidad)** *(Confucio creía que cada persona debía tener estas cinco virtudes, ya fuera un rey o un campesino. Las personas que seguían estas virtudes en la antigua China eran*

admiradas y respetadas).

3. **Confucianismo, taoísmo y legalismo** *(El legalismo es una antigua creencia filosófica china. Sostiene que cuando a las personas se les da a elegir entre el bien y el mal, eligen el mal, porque son egoístas y necesitan leyes estrictas para controlar su comportamiento. Han Feizi, el creador del legalismo, pensaba de forma diferente a Confucio, que sostenía que las personas son buenas por naturaleza. Han creía que los humanos nacían malos y debían ser castigados cuando infringían la ley. El taoísmo busca que los humanos y los animales vivan en armonía y equilibrio con el universo. El confucianismo fomenta la educación, porque ayuda a las personas a crecer y a ser mejores. El confucianismo es tanto una filosofía como una religión. Sin embargo, a diferencia del taoísmo, Confucio no es considerado un dios, sino un guía espiritual. Por eso algunos sostienen que el confucianismo no es una religión).*

4. **Para restablecer el orden** *(Confucio creía que la gente debía volver a las cinco virtudes aprendiendo filosofía, literatura e historia, y utilizar lo aprendido para ser mejores personas y gobernantes. Cuando todos tuvieran una buena ética, se restablecería el orden en el universo y vivirían en paz y armonía).*

5. **Ballesta** *(El pueblo Zhou inventó la ballesta durante el periodo de los Estados Combatientes. Fue el arma más importante de la antigua China y desempeñó un gran papel en la victoria de los estados chinos contra sus enemigos. La dinastía Zhou Oriental era famosa por tener poderosos soldados, que se entrenaban durante años para utilizar la ballesta. Podían caminar cientos de kilómetros sin descanso. Se creía que un buen ballestero era mejor que cien soldados).*

Identifique las imágenes

1. **El rey Wu, de Zhou** *(Fue el fundador de la dinastía Zhou y gobernó China durante unos tres años. Wu introdujo el feudalismo en la antigua China, distribuyendo tierras entre sus 16 hermanos y otros miembros de la familia).*

2. **Dinastía Zhou/comercio** *(Los Zhou utilizaban monedas para que el comercio fuera más fácil y justo).*

3. **Punta de lanza/utilizada para la batalla** *(La dinastía Zhou Occidental se estableció durante la Edad de Bronce, y fabricaron muchas armas de este metal, como carros de guerra, escudos, arcos, flechas, lanzas y espadas).*

4. **Confucio** *«No hagas a los demás lo que no quieras que te hagan a ti».*

5. **Periodo de los Estados Combatientes** *(Los antiguos chinos utilizaban muchas cerámicas para fabricar vasijas de gres, loza sin pintar, etc.)*

6. **Espada de hierro de la dinastía Zhou Occidental** *(La dinastía Zhou aprovechó la Edad de Hierro para fabricar muchas armas poderosas y avanzadas que aumentaron su poder).*

7. **Lao Tzu** *(Tuvo un hijo llamado Zong, que se convirtió en un valiente y poderoso soldado y derrotó a muchos de sus enemigos).*

8. **Dinastía Zhou Occidental** *(Las inscripciones de los artefactos ayudan a los historiadores a conocer la dinastía Zhou).*

9. **Casco de bronce** *(Este casco era del periodo de los Estados Combatientes y demuestra que la dinastía Zhou utilizaba tanto el bronce como el hierro para fabricar armas).*

10. **Artefacto de jade de** *la dinastía Zhou Occidental (El jade se utilizó durante la dinastía Zhou para fabricar diversos objetos rituales).*

Capítulo 3: Majestad imperial: los logros de las dinastías Qin y Han

La China imperial fue un periodo que presenció el ascenso y la caída de muchas dinastías. Fue una época estable en la historia de China. La dinastía Qin fue la primera dinastía de la China imperial. Sus gobernantes aprendieron mucho de sus predecesores y cambiaron el sistema político del país para evitar los mismos escollos. Sin embargo, cometieron terribles errores que tuvieron graves consecuencias.

La dinastía Han fue la segunda dinastía imperial china. Su fundador trabajó duro para corregir los errores de los gobernantes Qin. Fue famosa por sus numerosos inventos, algunos de los cuales cambiaron el mundo.

Cada dinastía se caracteriza por su propia cultura, religión, filosofía, creencias e historia. Muchas políticas y culturas extranjeras influyeron en estas dinastías, y el país prosperó durante esta época en arte, literatura, arquitectura, tecnología y mucho más.

Ahora, prepárese para resolver divertidas preguntas y actividades y aprenda más sobre las dinastías Qin y Han.

Verdadero o falso

1. La dinastía Qin acabó con el sistema feudal reduciendo el poder de los nobles.

  - Verdadero
  - Falso

---

2. La dinastía Qin es la dinastía china más corta de la antigüedad.

- Verdadero
- Falso

3. El fundador de la dinastía Han era un aristócrata.

- Verdadero
- Falso

4. La dinastía Han se dividió en dos períodos.

- Verdadero
- Falso

5. La dinastía Han fue conocida por la invención del papel.

- Verdadero
- Falso

6. La dinastía Qin se basó en el legalismo.

- Verdadero
- Falso

7. La dinastía Qin animaba a la gente a recibir una educación.

- Verdadero
- Falso

8. La dinastía Qin perdió el Mandato del cielo.

- Verdadero
- Falso

9. La dinastía Qin unificó China imponiendo la misma religión.

- Verdadero
- Falso

10. La época de la dinastía Han es llamada la Edad de Oro.

- Verdadero
- Falso

Opción múltiple

1. ¿Cuál fue el mayor logro de la dinastía Qin?

    A. Fabricación de armas de hierro avanzadas

    B. La unificación de los estados separados tras el período de los Estados Combatientes

    C. Hacer un nuevo Mandato del Cielo

    D. Detener las crecidas del río Amarillo

2. ¿Quién fue el fundador de la dinastía Han?

    A. Liu Bang

    B. Liu Han

    C. Liu Qin

    D. Wuwan de Han

3. ¿La dinastía Han restauró los valores de qué dinastía?

    A. La dinastía Xia

    B. La dinastía Shang

    C. La dinastía Zhou

    D. La dinastía Qin

4. ¿Cuál era el objetivo principal de la Gran Muralla China?

    A. Decoración real

    B. Control de inundaciones

    C. Defensa contra las invasiones

    D. Ceremonias religiosas

5. ¿Qué religión se introdujo durante la dinastía Han?

    A. Cristianismo

    B. Taoísmo

    C. Budismo

    D. Todas las anteriores

6. ¿En qué religión creía la dinastía Qin?

    A. Taoísmo

    B. Confucianismo

    C. Cristianismo

    D. No creían en ninguna religión

7. ¿Cuántas clases había en la dinastía Han?

    A. Tres

    B. Cuatro

    C. Cinco

    D. Seis

8. ¿Qué dinastía interrumpió a la dinastía Han?

    A. Dinastía Qin

    B. Dinastía Xin

    C. Dinastía Tang

    D. Dinastía Sing

9. ¿Cómo se difundió el budismo en China?

    A. Pasó de la dinastía Qin a la dinastía Han

    B. Por monjes budistas que viajaban desde la India

    C. Por filósofos famosos

    D. Los chinos leyeron sobre ello en libros

10. ¿Cómo se elegía a la gente para el trabajo gubernamental durante la dinastía Han?

    A. Debían conocer la obra de Confucio

    B. Tenían que ser nobles

    C. Tenían que estar emparentados con el rey

    D. Tenían que ser ricos

Rellene los espacios

1. El primer emperador de la dinastía Qin fue _____.

2. _____ no eran respetados durante la dinastía Han.

3. La organización que se fundó durante la dinastía Han y duró 2000 años se llamaba _____.

4. La Ruta de la Seda se inventó durante la _____.

5. Tras la muerte del emperador de la dinastía Qin y la llegada al poder de su hijo, _____.

6. La forma de gobierno de la dinastía Qin era la _____.

7. _____ fue la principal filosofía durante la dinastía Han.

8. Shi Huangdi significa _____.

9. El emperador de la dinastía Xin se llamaba _____.

10. La Ruta de la Seda iba de _____ a _____.

Respuestas cortas

Hágalo más interesante imaginando que el emperador Shi Huang le plantea estos retos. ¡Responda rápido, porque este hombre es un tirano y no tiene mucha paciencia!

1. Lo reto a que mencione los principales logros de la dinastía Han en el campo de la ciencia.

   _____
   _____
   _____

2. Lo reto a que me diga por qué los chinos inventaron el sismógrafo.

   _____
   _____
   _____

3. Lo reto a que mencione un hecho interesante sobre mí (Shi Huangdi).

   _____
   _____
   _____

4. Lo reto a que me diga por qué la dinastía Qin quemaba libros.

   _____
   _____
   _____

5. Lo reto a que me diga por qué la dinastía Qin no siguió el confucianismo.

   _____
   _____
   _____

6. Lo reto a que me dé una razón de lo que hizo diferente a la dinastía Han de sus predecesoras.

   _____
   _____
   _____

7. Lo reto a que mencione una ventaja de la invención del papel.

_____

_____

_____

8. Lo reto a que me diga quién fue el emperador Han que reinó durante más tiempo.

_____

_____

_____

9. Lo reto a que me diga qué quería decir Buda con esta cita: «La paz viene de dentro. No la busques fuera».

_____

_____

_____

10. Lo reto a que me diga cuáles eran los productos más importantes de la dinastía Han.

_____

_____

_____

Identifique las imágenes

1. Identifique a qué dinastía se asocian estas esculturas y cuál es su significado en la historia china.

Imagen 21

Respuesta: _____.

2. Identifique este cuadro y mencione a qué dinastía se asocia.

Imagen 22

Respuesta: _____.

3. Nombre a este famoso emperador y la dinastía a la que perteneció.

Imagen 23

Respuesta: _____.

4. Identifique esta imagen y la dinastía a la que se asocia.

Imagen 24

Respuesta: _____.

5. Nombre a este famoso gobernante y la dinastía a la que perteneció.

Imagen 25

Respuesta: _____.

6. Nombre a este personaje famoso y mencione una de sus citas.

Imagen 26

Respuesta: _____.

7. ¿De qué dinastía es este cuadro?

Imagen 27

Respuesta: _____.

8. ¿A qué dinastía pertenece la estatua de la Reina Madre de Occidente?

Imagen 28

Respuesta: _____.

9. ¿A qué dinastía pertenece esta atalaya?

Imagen 29

Respuesta: _____.

10. ¿A qué dinastía pertenece este adorno de carro?

Imagen 30

Respuesta: _____.

Respuestas

1. **Verdadero** *(La dinastía Qin conquistó los estados separados de Zhou y ascendió al poder. El emperador Qin aprendió de los errores de la dinastía anterior y no dio mucho poder a los nobles o aristócratas. Se deshizo del sistema feudal, que provocó el periodo de los Estados Combatientes, y destruyó la dinastía Zhou).*

2. **Verdadero** *(La dinastía Qin solo duró quince años, porque su primer emperador era un tirano. Cuando murió, el pueblo se rebeló contra su hijo y el caos se extendió por todo el país hasta que la dinastía Han subió al poder).*

3. **Falso** *(Liu Bang, el fundador de la dinastía Han, era un campesino, e hizo historia al convertirse en el primer plebeyo en formar una dinastía china).*

4. **Verdadero** *(La dinastía Han se dividió en Han Occidental, del 202 a. C. al 9 d. C.; y Han Oriental, del 25 al 220 d. C. La dinastía Xin provocó esta división cuando subió al poder durante un breve periodo de tiempo).*

5. **Verdadero** *(Cai Lun inventó el papel en el año 105 d. C. Era un chino que trabajaba en la corte del rey. Utilizó diferentes ingredientes para su invento, como corteza de morera, redes de pesca, trapos, cáñamo y bambú. Los machacó, los mezcló con agua y los extendió en plano. El papel se hizo muy popular entre el pueblo chino).*

6. **Verdadero** *(La dinastía Qin aplicó la filosofía del legalismo y reforzó las duras leyes y condiciones de vida. Los principios fundamentales del legalismo incluían un sistema legal fuerte, la creencia de que las personas son egoístas por naturaleza y duros castigos para obligar a la población a ser leal al rey).*

7. **Falso** *(El emperador Qin impedía que la gente recibiera educación, para poder controlarla más fácilmente).*

8. **Verdadero** *(El primer emperador de Qin perdió el Mandato del cielo, porque era un tirano cruel que hacía difícil la vida del pueblo. Tanto ricos como pobres luchaban por vivir bajo su mandato. Destruyó a los nobles y les quitó su poder, quemó libros que hicieron que los eruditos lo odiaran y obligó a los campesinos a*

trabajar sin paga).

9. **Falso** *(La dinastía Qin unificó China utilizando la misma lengua escrita, aplicando las mismas reglas y castigos e introduciendo una moneda de cobre uniforme en todo el país).*

10. **Verdadero** *(La época de la dinastía Han fue llamada la Edad de Oro porque fue un periodo pacífico en el que el imperio se expandió y se desarrolló el confucianismo).*

Opción múltiple

1. **B. Unificación de los estados separados tras el periodo de los Estados Combatientes** *(La dinastía Qin unificó China por primera vez en su historia, en lugar de repartir sus tierras y poderes entre múltiples estados).*

2. **A. Liu Bang** *(Los padres de Liu eran campesinos, pero tras la muerte del primer emperador Qin, se unió a los rebeldes contra la dinastía Qin. Luchó duramente contra los tiranos, hasta que la dinastía Han subió al poder y él se convirtió en su emperador. Según una antigua leyenda china, Liu nació después de que su madre soñara con un dragón. Se cree que era descendiente de la figura mítica, el Emperador Amarillo).*

3. **C. La dinastía Zhou** *(La dinastía Qin intentó borrar de la historia todos los logros de la dinastía Zhou. También se alejaron de sus creencias políticas y filosóficas, como el feudalismo y el confucianismo. Cuando la dinastía Han subió al poder, restauraron muchos de los valores culturales y el pensamiento filosófico de la dinastía Zhou. También animaron a la gente a estudiar y seguir aprendiendo).*

4. **C. Defensa contra las invasiones** *(El primer emperador de la dinastía Qin ordenó a su pueblo construir una muralla alrededor de la ciudad para protegerla de un grupo de bárbaros llamados xiongnu. Se tardaron unos 2.300 años y más de nueve dinastías en terminar de construir la muralla, que llegó a conocerse como la Gran Muralla China, una de las siete maravillas del mundo).*

5. **C. Budismo** *(El budismo es una antigua filosofía y creencia religiosa india que muchas personas aún practican. Siddhartha Gautama, o Buda, fundó esta fe hace más de 2500 años. Cuenta con entre quinientos y mil millones de estudiosos y seguidores. Para muchos, es más una filosofía que una religión, porque no implica adorar a un*

dios. Las personas que siguen el budismo se denominan budistas).

6. **D. No creían en ninguna religión** *(El emperador de la dinastía Qin prohibió todas las creencias religiosas y filosóficas excepto el legalismo. Sin embargo, mucha gente practicaba el culto a los antepasados).*

7. **A. Tres** *(El emperador, su esposa, su familia, los nobles y algunos funcionarios estaban en la cúspide; luego los agricultores, los campesinos y los trabajadores; por último, los artesanos y los constructores).*

8. **B. Dinastía Xin** *(Un funcionario del gobierno llamado Wang Mang aprovechó el caos que se produjo durante la dinastía Han Occidental y creó una nueva. Sin embargo, los campesinos se rebelaron contra él y fue asesinado. Uno de los descendientes de Liu Bang (llamado Liu Xiu) tomó el control de la situación e inició una nueva dinastía, llamada Han Oriental).*

9. **B. Por monjes budistas que viajaban desde la India** *(el budismo llegó a China a través de la Ruta de la Seda, que ayudó a difundir las enseñanzas de Buda).*

10. **A. Debían conocer la obra de Confucio** *(El confucianismo era la filosofía principal durante la dinastía Han. El gobierno creía que quienes conocían a Confucio y su obra tenían ética y moral y eran aptos para servir al país. Los seguidores de Confucio también aplicaban sus cinco virtudes, que eran cualidades necesarias para cualquier funcionario del gobierno).*

Rellene los espacios

1. **Shi Huangdi** *(El verdadero nombre de Shi Huangdi era Ying Zheng, y fue el fundador de la dinastía Qin. Fue rey de Qin y luchó contra los otros estados durante el periodo de los Estados Combatientes. Shi derrotó a los otros seis estados, los unió bajo su gobierno y creó la dinastía Qin).*

2. **Los mercaderes** *(Eran la clase social más baja y nadie los respetaba. Aunque eran ricos, eran extremadamente desagradables, porque ganaban dinero con los bienes que fabricaban otras personas).*

3. **El Sistema de examen imperial** *(El emperador Han se dio cuenta de que China era muy grande y no podía gobernarla solo. Contrató a administradores gubernamentales y ministros instruidos para que le ayudaran a mejorar el imperio, fortalecerlo y mantenerlo*

organizado. Estas personas se llamaban funcionarios y trabajaban por todo el país. Dos de ellos eran ministros y dependían directamente del emperador. Miles de funcionarios desempeñaban diferentes funciones en el gobierno, como jueces, maestros y recaudadores de impuestos).

4. **Dinastía Han** *(El emperador Han envió a uno de sus hombres, Zhang Qian, en un viaje diplomático a Occidente. Zhang conoció a mucha gente de diferentes culturas y civilizaciones en su viaje. Se dio cuenta de que algunos de ellos tenían caballos grandes y rápidos, distintos a los que había visto antes. Cuando Zhang regresó a China, le habló al emperador de los caballos. El emperador decidió importarlos de Occidente. Los caballos demostraron su eficacia en la batalla, lo que animó al emperador a empezar a comerciar con Europa, lo que condujo a la apertura de la Ruta de la Seda).*

5. **El pueblo se rebeló** *(El pueblo no era feliz bajo el dominio de la dinastía Qin. El primer emperador les había hecho la vida muy difícil. Se rebelaron contra él y derrocaron a la dinastía Qin).*

6. **Burocracia no hereditaria** *(Según las leyes de la dinastía Qin, nadie puede transmitir un alto cargo a sus hijos o a otros miembros de su familia. Por ejemplo, si un hombre era ministro del rey y moría, sus hijos no heredaban el cargo).*

7. **El confucianismo** *(El gobierno de la dinastía Han seguía las enseñanzas de Confucio, que incluían la buena moral y la vida en armonía con los demás. Los emperadores utilizaban su filosofía como guía para ser mejores gobernantes. Si los emperadores y el pueblo seguían la filosofía de Confucio, todos vivirían en paz y el imperio crecería y prosperaría).*

8. **Primer emperador** *(Shi Huangdi es un título, no un nombre, y significa «primer emperador». Ying Zheng fue el primer hombre que unificó China y gobernó todo el país, lo que lo convierte en su primer emperador).*

9. **Wang Mang** *(Fue el gobernante y fundador de la dinastía Xin. Derrocó a la dinastía Han y gobernó el país hasta que la dinastía Han volvió al poder).*

10. **China a Europa** *(La Ruta de la Seda conectaba al país con el resto del mundo y permitía el comercio internacional).*

Respuestas cortas

1. **La brújula magnética, la clepsidra y el reloj de sol** *(La dinastía Han era avanzada, y durante esta época se realizaron muchos inventos importantes, como la brújula, que ayudaba a los marineros a encontrar la dirección en el mar; la clepsidra, para medir el tiempo; y el reloj de sol, utilizado para saber la hora).*

2. **Terremotos** *(El sismógrafo detectaba los terremotos que a veces se producían en zonas remotas de la antigua China).*

3. **Shi Huangdi era paranoico** *(Shi Huangdi siempre estaba preocupado por la muerte, y la situación empeoró después de que tres personas intentaran matarlo en diferentes ocasiones. Siempre llevaba su espada consigo y dormía en una habitación diferente cada noche. Tenía tanto miedo a la muerte, que se obsesionó con la inmortalidad. Irónicamente, murió en un viaje mientras buscaba el elixir de la vida (una poción para hacerlo inmortal).*

4. **Por miedo** *(Creían que algunos libros contenían información falsa y debían ser destruidos. Quemaron libros de historia, porque temían que la gente los leyera y pensara que el rey no era legítimo).*

5. **Shi Huangdi rechazó el confucianismo porque criticaba su política** *(La dinastía Qin seguía el legalismo y reforzaba leyes estrictas, que quitaban a la gente el derecho a expresarse contra su tiranía. Quemó los libros de Confucio y mató a sus eruditos para borrarlo de la historia. Por suerte, algunos de los fieles seguidores de Confucio escondieron sus libros, y su filosofía revivió durante la dinastía Han).*

6. **La dinastía Han se distingue de otras antiguas dinastías chinas por diferentes razones** *(Fue la primera dinastía fundada por un campesino; fue testigo de la invención del papel, que cambió el mundo, y aportó inventos científicos que se adelantaron a su tiempo).*

7. **Prevenir el analfabetismo** *(La invención del papel ayudó a difundir la literatura, en forma de poesía o cuentos, e hizo que los libros fueran más baratos y fáciles de conseguir. Esto dio a la gente la oportunidad de leer y aprender para prevenir el analfabetismo).*

8. **Han Wudi** *(Fue el séptimo emperador de la dinastía Han y gobernó durante 54 años).*

9. La gente encontrará la paz, la alegría y todos los demás sentimientos positivos si mira en su interior *(El dinero, la ropa y otras cosas materiales no hacen feliz a una persona. Todo lo que alguien necesita está en su interior).*

10. Seda, calderos, sal y hierro *(China introdujo la seda en el mundo).*

Identifique las imágenes

1. La dinastía Qin *(El ejército de guerreros de terracota ayudó a los historiadores a conocer la dinastía Qin, su ejército y sus armas. También les dio una idea de sus creencias en el más allá y su obsesión por la inmortalidad).*

2. Carro de los guerreros de terracota de la dinastía Qin *(No hay registros históricos de los guerreros de terracota, y nadie puede decir con seguridad si existieron o no).*

3. Shi Huangdi, de la dinastía Qin *(Creía en la vida después de la muerte y eligió uno de sus palacios como tumba. Ordenó a sus artesanos que crearan 8.000 guerreros de terracota para protegerlo en la otra vida. Curiosamente, cada guerrero tiene un rostro diferente).*

4. La Gran Muralla China, de la dinastía Qin *(Según la leyenda, la esposa de uno de los constructores de la muralla fue a visitar a su marido cerca de la muralla. Sin embargo, le dijeron que había muerto. Lloró tanto, que parte de la muralla se derrumbó).*

5. Liu Bang, de la dinastía Han *(Fue uno de los más grandes gobernantes de la historia de China y se preocupaba por su pueblo).*

6. Buda, *«Al final, solo importan tres cosas: cuánto has amado, con cuánta dulzura has vivido y con cuánta gracia has dejado ir las cosas que no eran para ti».*

7. Dinastía Han *(La dinastía Han fue famosa por su arte y su literatura).*

8. Dinastía Han Oriental *(También se la llama Xiwangmu, y fue una de las diosas femeninas más importantes de la mitología china).*

9. Dinastía Han Oriental *(Las torres de vigilancia son los elementos más comunes de la Gran Muralla China y están diseminadas por toda la muralla).*

10. Dinastía Han Occidental *(La dinastía Han Occidental terminó después de que la dinastía Xin la derrocara).*

Capítulo 4: Seda, poesía y porcelana: las dinastías Tang y Song

La dinastía Tang fue una de las más influyentes y grandes de la historia de la China imperial. China prosperó cultural y políticamente durante esta época y se convirtió en el país más avanzado del mundo. Sin embargo, tuvo un final desafortunado, que allanó el camino a la dinastía Song.

La dinastía Song realizó muchos avances científicos y tecnológicos en China. Su ejército era uno de los más poderosos del mundo, y utilizaba nuevos inventos para tener ventaja en la batalla. La gente era feliz y el país crecía, disfrutando de una época de paz y prosperidad.

Hay mucho que puede aprender sobre estas dinastías, así que ¡desafíese con estas divertidas preguntas!

Verdadero o falso

1. Los mayores inventos de China tuvieron lugar durante la dinastía Tang.
   - Verdadero
   - Falso

2. A la dinastía Han le siguió la dinastía Tang.

- Verdadero
- Falso

3. La dinastía Sui cayó porque su emperador murió joven.

- Verdadero
- Falso

4. La dinastía Song es famosa por el desarrollo de la porcelana azul y blanca.

- Verdadero
- Falso

5. A las mujeres no se les permitía tener una educación durante la dinastía Tang.

- Verdadero
- Falso

6. La dinastía Song ignoró las artes y solo se centró en el desarrollo de las armas.

- Verdadero
- Falso

7. La poesía formaba parte del examen de los funcionarios públicos durante la dinastía Song.

- Verdadero
- Falso

8. La dinastía Tang produjo más de 50.000 obras literarias.

- Verdadero
- Falso

9. El emperador Xuanzong rompió el Mandato del cielo.

- Verdadero
- Falso

10. En la dinastía Tang se contrataba a la gente en función de sus méritos, no de sus conexiones familiares.

- Verdadero
- Falso

Opción múltiple

1. ¿Qué cambios introdujo el emperador Taizong?

    A. Cambios militares y gubernamentales

    B. Educación y cambios religiosos

    C. Cambios sociales

    D. Todas las anteriores

2. ¿Qué dinastía reunificó China tras la caída de la dinastía Han?

    A. La dinastía Tang

    B. La dinastía Song

    C. La dinastía Sui

    D. La dinastía Wei

3. ¿Cómo se llamaba el primer emperador de la dinastía Song?

    A. Zhao Kuangyin

    B. Zhao Wun

    C. Zhao de Song

    D. Wun de Song

4. ¿Cuánto tiempo gobernó China la dinastía Song?

    A. 200 años

    B. 300 años

    C. 400 años

    D. 500 años

5. ¿Cuál fue el primer ejército del mundo que utilizó la pólvora?

    A. La dinastía Tang

    B. La dinastía Song

    C. La dinastía Wei

    D. La dinastía Sui

6. ¿Quién estaba en la cima de la clase social de la dinastía Tang?

    A. Artistas

    B. Sacerdotes búdicos

    C. Comerciantes

    D. El emperador y su familia

7. ¿Cuál era la capital de la dinastía Song?

    A. Liangsu

    B. Feng Xu

    C. Bhajirag

    D. Bianjing

8. ¿Cuánto tardó el emperador Taizu en conquistar China?

    A. 12 años

    B. 16 años

    C. 26 años

    D. 35 años

9. ¿Cuál era la religión principal de la dinastía Tang?

    A. Taoísmo

    B. Confucianismo

    C. Budismo

    D. Cristianismo

10. ¿Qué animal utilizaba la gente de la dinastía Song para viajar?

    A. Caballo

    B. Dragón

    C. Camello

    D. Lobos

Rellene los espacios

1. _____ fue el segundo emperador de la dinastía Tang que ayudó al país a prosperar y desarrollarse.

2. La dinastía Tang fue la edad de oro de _____ y _____.

3. _____ fue el mayor logro de la dinastía Song.

4. La capital de la dinastía Tang, conocida por su diversidad cultural y su vitalidad artística, era _____.

5. Una característica clave de las pinturas de paisajes de la dinastía Song es _____.

6. Wu Zetian cambió el nombre de la dinastía Tang por _____.

7. La arquitectura de la dinastía Song es famosa por sus _____.

8. La dinastía Tang utilizaba arcilla blanca para crear _____.

9. La dinastía Song fue popular por sus pinturas de _____.

10. La filosofía del _____ revivió durante la dinastía Song.

Respuestas cortas

1. Era hermosa

   Era fuerte

   Era una emperatriz

   Que no hizo nada malo

   Nombre a esta emperatriz china de la dinastía Tang.

   _____

   _____

   _____

2. Tres emperadores en lo alto de una montaña

   Hacer historia y cambiar el mundo

   Los dioses los observan y suspiran.

   Coreando: _«¡Oh, ustedes, grandes hombres, nos hacen sentir orgullosos!»_

   Nombre a los tres emperadores Tang que la convirtieron en una de las más grandes dinastías.

   _____

   _____

   _____

3. Era una guerrera poderosa.

   Por siempre una heroína de guerra;

   Conquistó a sus enemigos con su espada.

   Para siempre se contará su historia.

   Nombre a la princesa de Disney cuya historia se inspiró en una leyenda de la dinastía Tang.

   _____

   _____

   _____

4. Hecho de papel, pero su valor es alto.

   La gente lo utiliza para todo lo que compra.

   Todo el mundo está contento de tenerlo,

   ¡Y triste cuando lo pierde!

¿Este invento facilitó o dificultó el comercio?

_____

_____

_____

5. Inteligente y astuta era la dinastía Tang,

    Sus inventos fueron muchos,

    No solo escribían prosa,

    ¡Las diferencias que marcaron fueron muchas!

    Nombre algunos de los inventos de la dinastía Tang.

_____

_____

_____

6. Xuanzong fue una vez un buen rey.

    Muchas las alegrías que trajo a su país.

    Un día, cometió un error.

    Poco a poco, ¡todo se rompió!

    Adivine la decisión que tomó el emperador Xuanzong y que provocó la caída de la dinastía Tang.

_____

_____

_____

7. Le contaré un secreto, pero júreme que no lo dirá.

    Revelar un secreto le lleva al infierno,

    Pero algunos secretos se revelan,

    Para complacer a todo el mundo.

    ¿Qué invento mantuvieron en secreto los antiguos chinos?

_____

_____

_____

8. Era más que un trozo de tela,

    A todo el mundo le encantó porque era suave;

    La popular carretera recibió su nombre.

¿Puede adivinar de qué se trataba?

_____

_____

_____

9. Algo más que palabras que riman,
    Soy como un cuadro o una canción.
    Te caliento el corazón por dentro.
    ¿Qué soy?

_____

_____

_____

10. Todas las canciones deben terminar;
    Siempre entristece a la gente.
    Con cada final llega un principio,
    Con algo nuevo y emocionante.
    Nombre al hombre que conquistó China y puso fin a la dinastía Song.

_____

_____

_____

Identifique las imágenes

1. Nombre esta famosa figura y mencione de qué dinastía es esta estatua.

Imagen 31

Respuesta: _____

2. Identifique este texto y con qué dinastía se asocia.

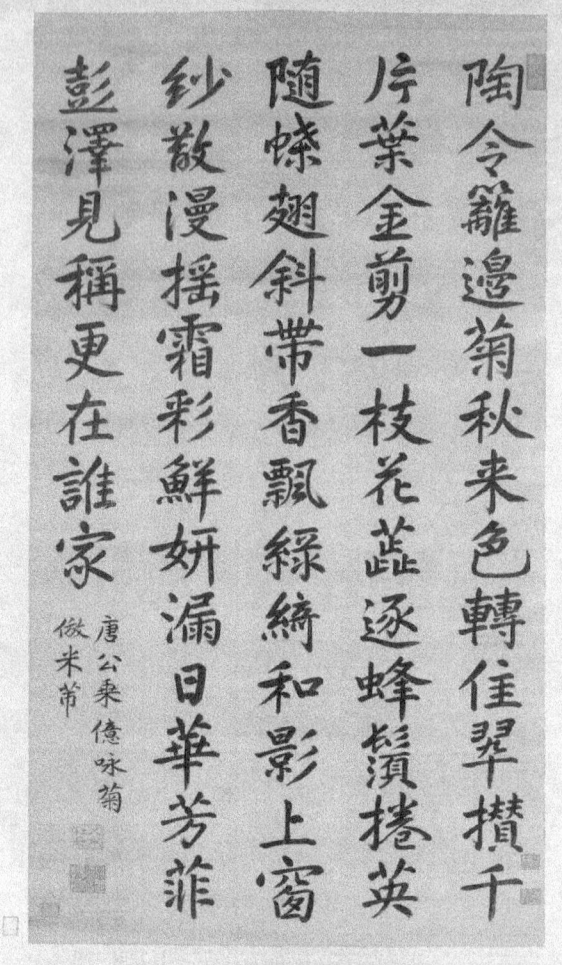

陶令籬邊菊秋来色轉佳翠攢千片葉金剪一枝花蕊逐蜂岐嶺捲英紗散漫搖霜彩鮮妍漏日華芳菲隨條翅斜帶香飄綠綺和影上窗彭澤見稱更在誰家

唐公乘億咏菊

倣米芾

Imagen 32

Respuesta: _____

3. ¿De qué está hecho este candelabro y de qué dinastía es?

Imagen 33

Respuesta: _____

4. Identifique este estilo artístico y a qué dinastía pertenece.

Imagen 34

Respuesta: _____

5. Identifique este estilo artístico y a qué dinastía pertenece.

Imagen 35

Respuesta: _____

6. Identifique esta imagen y a qué dinastía pertenece.

Imagen 36

Respuesta: _____

7. Nombre a esta famosa emperatriz, a qué dinastía pertenece e identifique el estilo artístico.

Imagen 37

Respuesta: _____

8. ¿De qué dinastía procede esta escultura?

Imagen 38

Respuesta: _____

9. Identifique esta imagen y la dinastía a la que se asocia.

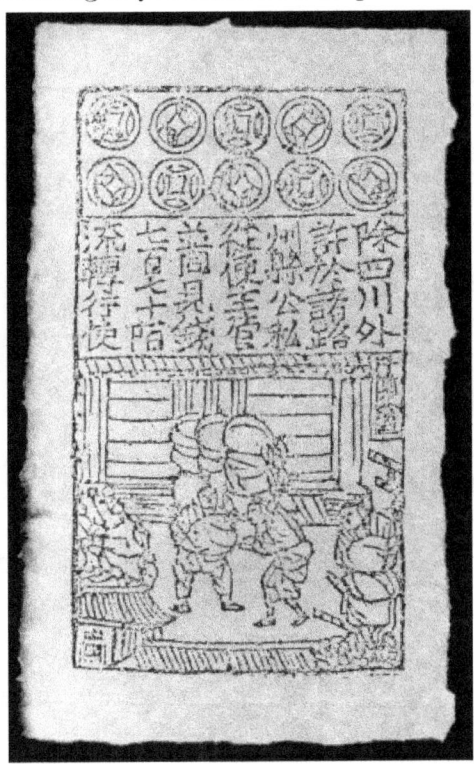

Imagen 39

Respuesta: _____

10. ¿De qué está hecho este artefacto y a qué dinastía pertenece?

Imagen 40

Respuesta: _____

Respuestas

Verdadero o falso
Verdadero o falso

1. **Verdadero** *(China revolucionó el mundo durante la dinastía Tang con inventos en literatura, arquitectura, tecnología, ciencia y medicina)*.

2. **Falso** *(Tras el colapso de la dinastía Han, China pasó por diferentes dinastías; las dinastías Wei, Jin, Wu Hu y Sui precedieron a la dinastía Tang)*.

3. **Falso** *(La dinastía Sui cayó porque su emperador era corrupto y anteponía sus propios intereses a las necesidades de su pueblo. Al principio, las cosas iban bien y China avanzaba en muchas áreas, incluidas las artes. La dinastía Sui se hizo más poderosa, lo que provocó que sus gobernantes se volvieran codiciosos. Sus dos últimos emperadores solo se centraron en ampliar el ejército, porque querían más poder, y en construir monumentos para sí mismos, lo que endeudó enormemente al país y provocó la caída de la dinastía)*.

4. **Verdadero** *(La dinastía Song produjo porcelana azul y blanca en la provincia de Zhejiang. Las piezas azules fueron muy populares durante la dinastía Tang. Su hermoso color las hacía distintivas y eran un gran complemento para muchas artes y artesanías)*.

5. **Falso** *(La educación se desarrolló durante la dinastía Tang, y se permitía a hombres y mujeres ir a la escuela y aprender. Los historiadores han encontrado muchos poetas masculinos y femeninos famosos de la dinastía Tang, lo que demuestra que había cierta igualdad entre géneros durante esa época. Sin embargo, al igual que muchas culturas antiguas, las mujeres recibían un trato inferior al de los hombres en otros ámbitos)*.

6. **Falso** *(El arte y la literatura avanzaron durante la dinastía Song. Los ricos disfrutaban pintando y escribiendo poesía durante su tiempo libre)*.

7. **Verdadero** *(La poesía era una parte importante de las dinastías Tang y Song, razón por la cual los exámenes de los funcionarios públicos evaluaban los conocimientos de poesía de los estudiantes. El emperador Taizong de la dinastía Tang creía que la literatura*

---

ayudaba a guiar a la gente y a mejorar sus modales).

8. **Verdadero** *(Al emperador Taizong le interesaba la literatura. Creía que era la fuente de la sabiduría. Animó a las escuelas a enseñar diferentes tipos de artes, lo que llevó a muchos a la producción de miles de obras).*

9. **Verdadero** *(Xuanzong fue un emperador justo y grandioso durante los primeros años de su gobierno. Sin embargo, al igual que muchos antes que él, acabó descuidando el país y pensando solo en sus necesidades).*

10. **Verdadero** *(La dinastía Tang solo contrataba a funcionarios con talento. Se presentaban a los exámenes de la función pública y se les asignaban los puestos de acuerdo con su puntuación. Las conexiones familiares y la riqueza no eran importantes. El gobierno también abrió escuelas para que la gente de todas las clases recibiera una educación).*

Opción múltiple

1. **D. Todas las anteriores** *(El emperador Taizong era un líder poderoso. Una vez que tomó el control, nadie pudo desafiarlo. Dio a los chinos la libertad de practicar cualquier religión que quisieran, como el taoísmo, el confucianismo, el budismo y el cristianismo).*

2. **C. La dinastía Sui** *(China estuvo dividida en dinastías del norte y del sur hasta que el emperador Sui Yang Jian conquistó el sur y reunificó el país).*

3. **A. Zhao Kuangyin** *(Este emperador también fue llamado Taizu de Song. Fue un general militar, y el fundador y primer emperador de la dinastía Song. China fue estable bajo su gobierno y prosperó económicamente).*

4. **B. 300 años** *(China prosperó durante 300 años bajo el dominio de la dinastía Song).*

5. **B. La dinastía Song** *(La dinastía Song realizó muchos inventos, pero ninguno fue tan importante como la pólvora. Les ayudó a fabricar diferentes armas, como flechas de fuego, granadas y bombas).*

6. **D. El emperador y su familia** *(El emperador y su familia estaban en la cima de la estructura social de la dinastía Tang, después la aristocracia, los funcionarios públicos, los sirvientes del emperador, el clero, los campesinos y los artesanos).*

7. **D. Bianjing** *(Bianjing era una de las ciudades más grandes del mundo y un centro económico y cultural famoso por el comercio, los nuevos inventos y la vida en la ciudad).*

8. **B. 16 años** *(El emperador Taizu pasó 16 años conquistando y reunificando los estados chinos, divididos durante las dinastías Han y Tang).*

9. **A. Taoísmo** *(Al principio de la dinastía Tang, se toleraban todas las creencias religiosas. Sin embargo, cuando Xuanzong se convirtió en emperador, no permitió que su pueblo siguiera el budismo e hizo del taoísmo la única religión de la dinastía).*

10. **C. Camellos** *(Los mercaderes utilizaban camellos para transportar mercancías a través de los desiertos. Los camellos pueden recorrer largas distancias y sobrevivir días sin agua).*

Rellene los espacios

1. **El emperador Taizong** *(Fue un gran gobernante y estableció un alto estándar para los que vinieron después de él. Se convirtió en un héroe legendario y el último buen emperador de la dinastía Tang, Xuanzong II, siguió sus pasos).*

2. **Arte y cultura** *(Los artistas exploraron nuevos estilos, técnicas y materiales durante la dinastía Tang, como el uso de la cerámica y los pinceles, y la experimentación con diferentes colores. Muchos artistas Tang eran seguidores del confucianismo y eruditos literarios).*

3. **La utilización del papel moneda** *(En el siglo VII, la dinastía Tang introdujo los billetes privados. En el siglo X, la dinastía Song introdujo los pagarés, para compensar la escasez de monedas de cobre).*

4. **Chang'an** *(Chang'an era la ciudad más grande de China y en ella vivían tres millones de personas, lo que la convertía en una de las ciudades más pobladas de Asia. Estaba situada cerca de la Ruta de la Seda y albergaba dos de los mayores mercados del país, en los que se comerciaba con todo tipo de productos, desde especias hasta muebles).*

5. **Atención a los detalles** *(Las pinturas de la dinastía Song tenían otras características clave como las expresiones poéticas, el realismo, el enfoque en la naturaleza y la exploración de diferentes temas, como los pájaros, las flores, los paisajes y las damas).*

6. Zhou *(Wu Zetian creía que descendía de la dinastía Zhou. Cuando se convirtió en emperatriz, cambió el nombre de Tang).*

7. Pagodas budistas *(Las pagodas budistas se encontraban entre las estructuras más singulares y distinguidas de la antigua China. Eran torres altas, de varios pisos, construidas en piedra, que actuaban como tumbas y hogares para las reliquias budistas).*

8. Porcelanas *(La porcelana permitió a los antiguos chinos mostrar su talento y creatividad. Se exportó a todo el mundo durante la dinastía Tang, promoviendo el intercambio cultural y haciendo crecer la economía del país).*

9. Paisaje *(Los artistas solían escaparse al mundo natural y visitar lugares como las montañas para comunicarse con la naturaleza y crear bellos cuadros. Estas pinturas reflejaban su deseo de dejarlo todo atrás y disfrutar de la tranquilidad de la naturaleza. También mostraban las opiniones sociales, políticas y filosóficas de los artistas).*

10. Confucianismo *(La dinastía Song revivió el confucianismo y lo llamó neoconfucianismo. La nueva filosofía fomentaba el desarrollo de los propios pensamientos y emociones para que la sociedad pudiera vivir en paz y armonía).*

Respuestas cortas

1. Wu Zetian *(Fue algo más que una bella mujer; Wu Zetian mejoró la agricultura, el sistema fiscal y la educación).*

2. Taizong, Wu Zetian y Xuanzong *(Fueron los más grandes emperadores de Tang y la razón por la que China prosperó durante siglos).*

3. Mulán *(El dibujo animado de Disney fue tomado de una antigua leyenda china que se asocia con la dinastía Tang. Trata de una joven que ocupó el lugar de su padre en el ejército y se convirtió en una heroína de guerra).*

4. Los billetes/ Lo facilitó *(Cargar con miles de monedas durante largas distancias era duro para los comerciantes. El papel moneda facilitó mucho el comercio, ya que era mucho más ligero y fácil de usar).*

5. La imprenta, las estufas de gas, el aire acondicionado y la pólvora *(Hubo muchos otros inventos durante esta época, pero estos fueron los que causaron mayor impacto).*

6. Nombró canciller a un hombre llamado Li-Linfu *(Xuanzong era un emperador bueno y justo, hasta que nombró a este canciller. Era corrupto y egoísta y planeó derrocar a Xuanzong. La dinastía Tang comenzó su caída a partir de ese día).*

7. La invención del papel *(Los antiguos chinos mantuvieron la invención del papel en secreto para los demás países. Incluso los que lo vieron no tenían ni idea de cómo se fabricaba, y China se negó a compartir el secreto. Sin embargo, no estuvo oculto mucho tiempo. Cuando los musulmanes invadieron China, capturaron a muchos soldados, entre ellos artesanos fabricantes de papel. Estos hombres no tuvieron más remedio que revelar el secreto del papel para salvar sus vidas).*

8. Seda *(La seda se utilizaba para la confección de ropa y pinturas, y la antigua China se convirtió en su principal productor durante la dinastía Song).*

9. Poesía *(Li Bai fue el poeta más famoso de la dinastía Tang).*

10. Khubilai Khan *(Los mongoles invadieron China y acabaron con la dinastía Song).*

Identifique las imágenes

1. Buda, de la dinastía Tang *(El budismo se diferencia de otras religiones porque se centra en el potencial y la experiencia de las personas).*

2. Un poema, de la dinastía Tang *(Algunos de los temas principales de la poesía antigua China son la historia, la política, la soledad, la amistad y la belleza de la vida).*

3. Porcelana blanca, de la dinastía Tang *(La porcelana china se llama loza).*

4. Pintura sobre seda, de la dinastía Tang *(La pintura sobre seda es popular en Vietnam, Japón y China).*

5. Porcelana vidriada, de la dinastía Tang *(La porcelana vidriada es muy duradera).*

6. Figuras militares de cerámica, de la dinastía Song *(El ejército de la dinastía Song no era tan fuerte como los ejércitos de las dinastías Han y Tang).*

7. Emperatriz Xiang, de la dinastía Song, pintura sobre seda *(Estuvo casada con el emperador Shenzong de Song).*

8. Dinastía Tang *(La dinastía Tang se expandió por Asia Central).*

9. Papel moneda, de la dinastía Song *(El papel moneda fracasó en la dinastía Qing, porque imprimieron mucho y perdió su valor).*

10. Almohada de porcelana, de la dinastía Song *(En la antigua China, la porcelana se marcaba con la dinastía y el reinado del emperador).*

Capítulo 5: La dinastía Yuan

La dinastía Yuan gobernó China desde el 1271 hasta el 1368 d. C. Aunque su reinado fue corto, se logró mucho durante este tiempo. El imperio disfrutó de un periodo de paz, estabilidad y crecimiento económico bajo el gobierno de los Yuan. La dinastía Yuan llegó tras derrocar a la dinastía Song. Sin embargo, conquistar los ejércitos de la dinastía Song no fue fácil. Kublai Khan y sus hombres los atacaron varias veces, antes de derrotarlos definitivamente.

Este capítulo presenta divertidas preguntas sobre la dinastía Yuan, para aprender sobre su trayectoria, desde el ascenso hasta la caída.

Verdadero o falso

1. La dinastía Yuan terminó debido a su gobierno corrupto, que provocó una rebelión entre los campesinos.

- Verdadero
- Falso

2. Los mongoles eran pueblos nómadas.

- Verdadero
- Falso

3. Los mongoles no fueron los primeros extranjeros que gobernaron China.

- Verdadero
- Falso

4. La dinastía Yuan prosperó tras la muerte de Kublai Khan.

- Verdadero
- Falso

5. Kublai Khan permitió la libertad religiosa.

- Verdadero
- Falso

6. Gengis Khan era el padre de Kublai Khan.

- Verdadero
- Falso

Opción múltiple

1. ¿Qué país atacó el emperador Kublai Khan dos veces con su ejército?

   A. Inglaterra

   B. Francia

   C. Japón

   D. España

2. ¿Qué dinastía conquistó a la dinastía Yuan y ocupó su lugar?

   A. La dinastía Ming

   B. La dinastía Qing

   C. La dinastía Jin occidental

   D. Ninguna. La Yuan fue la última dinastía de la antigua China

3. ¿Por qué tardó años la dinastía Yuan en conquistar a la dinastía Song?

   A. Los soldados Yuan estaban siempre borrachos

   B. El líder del ejército Yuan era un traidor

   C. El ejército Yuan no tenía buenas armas

   D. El ejército Song tenía armas más poderosas

4. ¿A qué famoso explorador convirtió Kublai Khan en su diplomático?

   A. Vasco da Gama

   B. Marco Polo

C. Francis Drake

D. Henry Hudson

5. ¿Cuál era la capital de la dinastía Yuan?

A. Khanbaliq

B. Xanadú

C. Yuan

D. A y B

6. ¿Qué significa «Yuan»?

A. Noche estrellada

B. Rey de China

C. Origen del universo

D. Dioses poderosos

Rellene los espacios

1. _____ fueron los gobernantes de la dinastía Yuan.

2. _____ fue una importante ciudad comercial durante la dinastía Yuan.

3. El drama _____ fue popular durante la dinastía Yuan.

4. El billete oficial de la dinastía Yuan se llamaba _____.

5. La pintura de_____ fue popular durante la dinastía Yuan.

6. Kublai Khan dio a los mongoles los_____ de su gobierno.

Respuestas cortas

1. ¿Cómo trató la dinastía Yuan a los mongoles?

2. ¿Cómo trataban los mongoles a los artesanos?

3. ¿Cómo murió Gengis Kan?

4. ¿Qué catástrofes naturales afectaron al campo chino y contribuyeron a la caída de la dinastía Yuan?

5. ¿Cómo afectó el comercio con otros países a la industria china?

Identifique las imágenes

1. Identifique esta imagen y lo que representa.

Imagen 41

Respuesta: _____

2. Nombre a esta importante figura y mencione uno de sus logros.

Imagen 42

Respuesta: _____

3. Nombre esta figura y mencione un hecho sobre él.

Imagen 43

Respuesta: _____

4. ¿De qué dinastía es esta estatua?

Imagen 44

Respuesta: _____

5. Identifique esta imagen.

Imagen 45

Respuesta: _____

6. ¿A qué religión pertenece esta estatua?

Imagen 46

Respuesta: _____

7. Identifique esta imagen y mencione de qué está hecha.

Imagen 47

Respuesta: _____

8. Identifique esta imagen y mencione a qué dinastía se asocia.

Imagen 48

Respuesta: _____

9. ¿A quién representa este emblema?

Imagen 49

Respuesta: _____

10. ¿Qué es y de qué está hecho este artefacto?

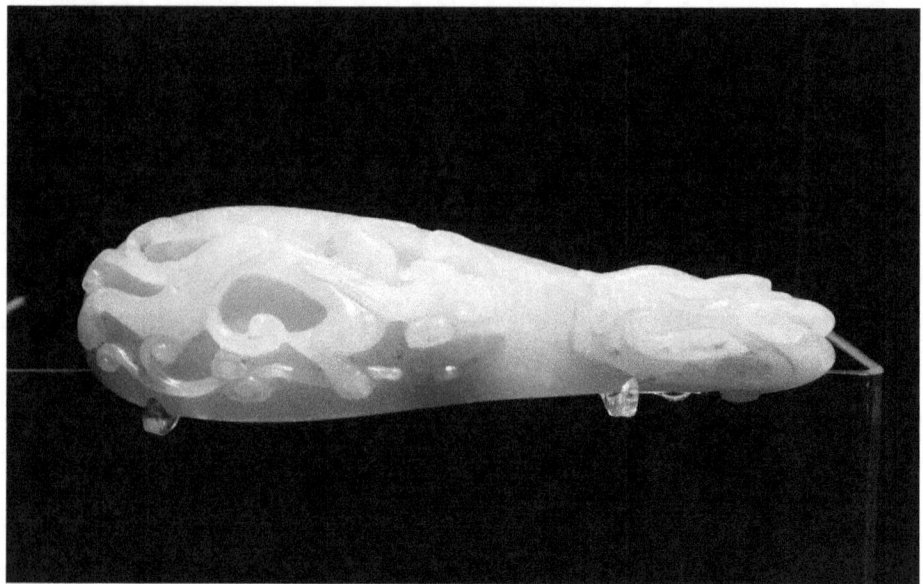

Imagen 50

Respuesta: _____

11. Identifique las regiones clave controladas por la dinastía Yuan y comente una ruta comercial importante.

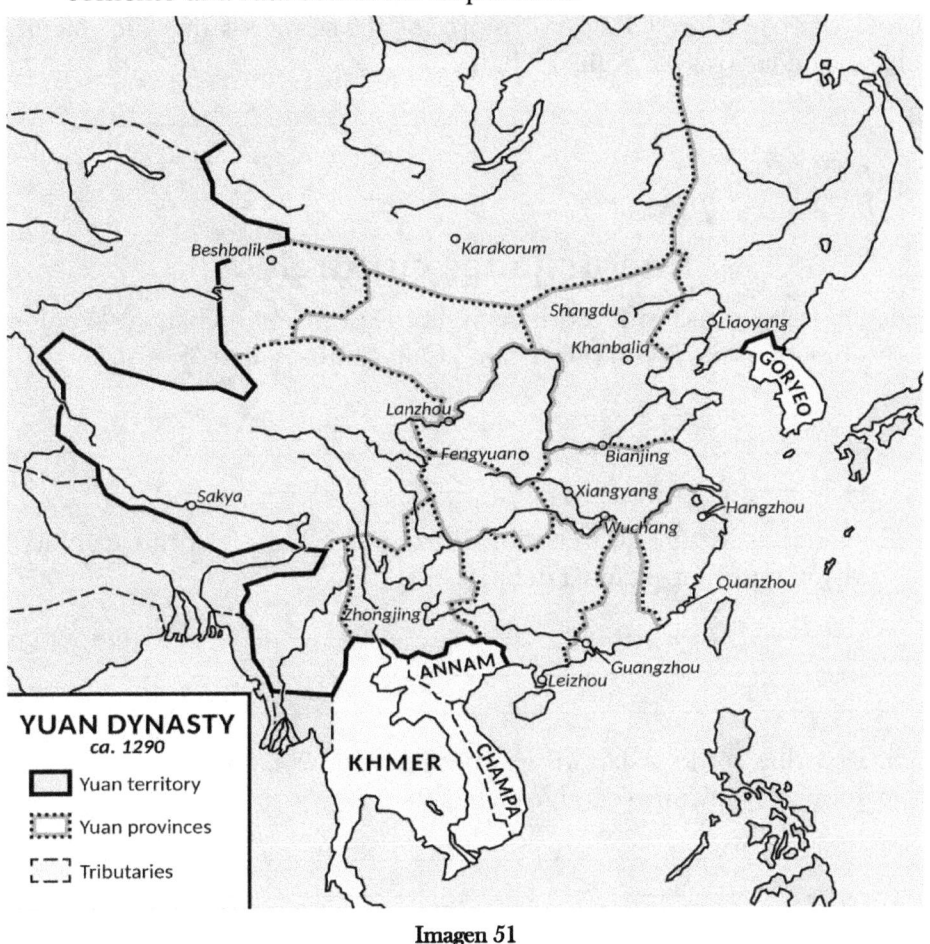

Imagen 51

Respuesta: _____

Diario del explorador

Siga el viaje de Marco Polo y explore los lugares a los que fue mientras trabajaba en la corte de Kublai Khan.

_____

_____

_____

Encrucijadas culturales

1. Describa cómo influyeron las políticas de Kublai Khan en la cultura china durante la dinastía Yuan. ¿Qué cambios aplicó?

_____

_____

_____

2. Describa lo que Marco Polo hizo por China. ¿Cómo cambió la visión que Europa tenía del país?

_____

_____

_____

3. Describa cómo vivían los campesinos chinos bajo el dominio de los mongoles. ¿Cómo cambió su vida?

_____

_____

_____

4. Describa cómo la dinastía Yuan mejoró la Ruta de la Seda. ¿Cómo afectó al comercio?

_____

_____

_____

5. Describa las clases sociales bajo el dominio de los mongoles. ¿Cómo influyeron en China?

_____

_____

_____

Consecuencias históricas

1. ¿Cuáles fueron los efectos a largo plazo del dominio mongol sobre la sociedad china y sus regiones vecinas?

_____

_____

_____

2. ¿Cuáles fueron las consecuencias de la muerte de Kublai Khan?

_____

_____

_____

3. ¿Intentó Kublai Khan adaptarse al modo de vida chino? ¿Cuáles fueron las consecuencias de sus acciones?

_____

_____

_____

4. ¿Cuáles fueron las consecuencias del ataque de la dinastía Yuan a Japón?

_____

_____

_____

5. ¿Cuál fue el impacto del dominio mongol sobre la peste negra?

_____

_____

_____

Análisis comparativo

1. Compare y contraste los sistemas administrativos de la dinastía Yuan con los de la precedente dinastía Song.

   _____

   _____

   _____

2. Compare y contraste a Kublai Khan con Xuanzong, de la dinastía Song.

   _____

   _____

   _____

3. Compare la dinastía Yuan con las dinastías Qin y Sui, y analice por qué duraron poco.

   _____

   _____

   _____

4. Compare la economía de la dinastía Tang con la de la dinastía Yuan.

   _____

   _____

   _____

5. Compare las artes de la dinastía Yuan con las de la dinastía Song.

   _____

   _____

   _____

Respuestas

Verdadero o falso

1. **Verdadero** *(La dinastía Yuan cayó debido a las constantes luchas entre sus dirigentes, los elevados impuestos, el gasto excesivo y la corrupción del gobierno. Todo ello provocó rebeliones campesinas, hasta que un movimiento llamado «Turbante Rojo» derrocó a la dinastía Yuan y llevó al poder a la dinastía Ming).*

2. **Verdadero** *(Los nómadas son personas que se desplazan de un lugar a otro y no permanecen en una misma zona. Los mongoles se desplazaban varias veces al año, según la estación, en busca de alimentos y agua. Pastoreaban camellos, ovejas y cabras, y vivían en tiendas de campaña).*

3. **Falso** *(Los mongoles fueron los primeros extranjeros en gobernar todo el país, pero no tenían la experiencia necesaria para gobernar un gran país como China).*

4. **Falso** *(Kublai Khan fue uno de los mayores gobernantes de China, y sus logros tuvieron un enorme impacto en el país. Unificó China, fomentó el uso del papel moneda y alentó el comercio internacional. Sin embargo, tras su muerte, sus sucesores no pudieron mantener la paz entre los mongoles y los chinos, lo que contribuyó a la caída de la dinastía).*

5. **Verdadero** *(Kublai Khan permitió la libertad de religión. La población podía practicar el budismo, el confucianismo, el cristianismo, el islamismo, el chamanismo y el budismo tibetano).*

6. **Falso** *(Gengis Khan era el abuelo de Kublai Khan. Compartían muchas similitudes; ambos procedían de la misma dinastía, fueron grandes gobernantes y eran tolerantes en materia religiosa. Gengis murió antes de conquistar toda China, pero su nieto terminó este trabajo).*

Opción múltiple

1. **C. Japón** *(Kublai Khan y su ejército atacaron Japón en dos ocasiones, pero fueron derrotados en ambas. Los guerreros samurái de Japón eran invencibles y protegieron a su país del ejército de los Yuan. Las fuertes tormentas o kamikaze (vientos divinos) ahogaron a muchos de los hombres y barcos de la dinastía Yuan, lo que también contribuyó a su derrota).*

2. A. La dinastía Ming *(La dinastía Yuan se enfrentó a muchas dificultades, desde inundaciones, plagas, inviernos extremadamente fríos y hambre, hasta problemas económicos y rebeliones. Había muchas divisiones dentro del país, lo que dio a los rebeldes la oportunidad de derrotar y derrocar a la dinastía Yuan y fundar la dinastía Ming).*

3. D. El ejército Song tenía armas más poderosas *(En 1268, Kublai Khan quiso hacer realidad su sueño y el de su abuelo, derrocando a la dinastía Song y gobernando China. Gengis Khan y otros líderes mongoles habían atacado a la dinastía Song. Sin embargo, la dinastía Song tenía armas más avanzadas, muchos barcos, un millón de soldados y grandes riquezas. También tenían grandes murallas para proteger las principales ciudades y utilizaban estrategias inteligentes en la batalla. Por esta razón, la dinastía Yuan tardó once años en derrocar a la dinastía Song).*

4. B. Marco Polo *(Marco Polo fue un famoso explorador y comerciante veneciano que trabajó en la corte de Kublai Khan. Vivió muchas aventuras en varios países del mundo y escribió sobre ellas en su libro* Los viajes. *Describió las costumbres, los lugares y las gentes de oriente).*

5. D. A y B *(Khanbaliq, también llamada Dadu de Yuan, era la capital de invierno de Yuan. Shangdu, también llamada Xanadu, era su capital de verano. Era famosa por sus canales, jardines y palacios. Marco Polo escribió sobre la ciudad en su libro y describió su belleza).*

6. C. Origen del universo *(Tras derrotar a la dinastía Song y unificar China, Kublai Khan llamó a su dinastía «Yuan»).*

Rellene los espacios

1. Los mongoles *(Gengis Khan fundó el Imperio mongol y fue su primer gobernante universal, o gran Khan. Unió a múltiples tribus nómadas asiáticas y construyó un fuerte ejército de mongoles, eligiendo a los hombres más fuertes y rápidos. Sus arqueros y jinetes derrotaron a algunos de los ejércitos más fuertes de China, Europa Oriental, Rusia e Irán. Los mongoles se hicieron muy poderosos y conquistaron Asia).*

2. Quanzhou *(La ciudad se convirtió en un centro comercial de la antigua China. Fue el punto de partida de la Ruta de la Seda, y una*

---

marina mundial durante la dinastía Yuan).

3. **Zaju** *(El zaju es un tipo de drama poético musical chino antiguo. Comenzó como una obra corta durante la dinastía Song, pero luego se convirtió en una obra dramática de cuatro actos, con diálogos y canciones, durante la dinastía Yuan).*

4. **Chao** *(Chao, también conocido como ziachao, era el billete oficial de la dinastía Yuan en China).*

5. **Paisajes** *(La pintura de paisajes se hizo muy popular entre los artistas Yuan. Zhao Mengfu fue uno de los artistas más talentosos e influyentes de esta época. Se inspiró en artistas de dinastías anteriores).*

6. **Altos cargos** *(Aunque Kublai intentó adaptarse a las tradiciones chinas, para convivir en paz, solo dio los altos cargos del gobierno a los mongoles, que tenían todo el poder).*

Respuestas cortas

1. **Recibían un trato especial** *(Kublai puso fin a los exámenes de la función pública que se utilizaban en muchas dinastías anteriores para garantizar que la gente obtuviera puestos en el gobierno gracias a sus habilidades y conocimientos, no a sus conexiones familiares. El emperador consideraba que estos exámenes favorecían a los chinos, que estaban más familiarizados con Confucio. Los exámenes volvieron tras la muerte de Kublai, pero los mongoles seguían recibiendo un trato especial).*

2. **Con respeto** *(Los mongoles valoraban las artesanías, y mostraron su aprecio a los artesanos reduciendo sus impuestos, dándoles un alto estatus social y favoreciéndolos frente a otras ocupaciones).*

3. **Nadie lo sabe** *(Hay mucho misterio en torno a la vida y la muerte de Gengis Khan. Muchos historiadores siguen discutiendo sobre su muerte. Algunos creen que murió en batalla, otros creen que una princesa china lo asesinó para vengar a su familia, a la que él había matado, mientras que algunos piensan que murió de malaria. Tampoco se sabe dónde fue enterrado. Los mongoles mantuvieron su tumba en secreto, pero muchos historiadores piensan que fue enterrado en algún lugar de la montaña Burkhan Khaldun).*

4. **Inundaciones y sequías** *(A finales de la década de 1340, la población sufrió muchas catástrofes en el campo, como inundaciones y sequías. El gobierno mongol no tenía un plan para*

manejar estas situaciones y proteger la vida de la población. Los chinos se enfadaron, lo que provocó movimientos de rebelión y la caída de la dinastía).

5. **Intercambio de ideas** *(Las ideas, la información, las técnicas y las mercancías circulaban rápida y fácilmente entre Europa y Asia. Por ejemplo, los cristianos indios tradujeron el* Nuevo Testamento *a la lengua mongola. Asia también introdujo en Europa los seguros, la banca de depósito y el uso del papel moneda para comprar mercancías).*

Identifique las imágenes

1. **El estandarte militar de la dinastía Yuan** *(Representa la fuerza del ejército. El ejército Yuan se llamaba «ejército Han» y estaba formado por soldados de las tropas Song del Sur y tropas Jin, de la dinastía Jin).*

2. **El emperador Kublai Khan** *(Kublai Khan no era como su abuelo, que mató a mucha gente durante sus ataques. Era compasivo, e incluso se presentó como chino para acercarse al pueblo chino, lo que enfureció a muchos mongoles).*

3. **Marco Polo** *(Fue encarcelado en Italia, tres años después de regresar de China. En la cárcel conoció a un escritor llamado Rustichello de Pisa. Marco le contó a su nuevo amigo sus famosas aventuras y Rustichello las escribió. Estos relatos se convirtieron en* Los viajes de Marco Polo*).*

4. **Una escultura de porcelana vidriada, de la dinastía Yuan** *(La porcelana ha sido una de las mayores exportaciones chinas en el mundo).*

5. **Papel moneda** *(Durante la dinastía Yuan, el papel moneda redujo los precios de las mercancías y los impuestos).*

6. **Budismo** *(Esta es una estatua de Guanyin, también llamada Avalokiteshvara. Es la diosa de la misericordia).*

7. **Un cañón de bronce** *(El bronce era extremadamente popular en la antigua China, y se siguió utilizando incluso después de la Edad de Hierro).*

8. **Tinaja marrón vidriada, de la dinastía Yuan.**

9. **El emblema de los mongoles** *(El símbolo también figura en la bandera de Mongolia. El fuego representa el pasado, el presente y el*

futuro. El círculo y la media luna representan el sol y la luna).

10. **Cinturón de jade** *(El jade fue una de las piedras más populares de la historia china y se utilizó en todas las dinastías).*

11. **El mapa cubría las regiones clave controladas por la dinastía Yuan** *(Esto incluye sus dos capitales, Shangdu y Khanbaliq. Una de las rutas comerciales más famosas de la época era la Ruta de la Seda, que contribuyó a aumentar el comercio entre China y Europa).*

Diario del explorador

Cuando Marco Polo tenía 17 años, viajó a China con su padre y su tío. Marco admiraba a Kublai, y el emperador lo respetaba y disfrutaba de su compañía. Marco viajó por toda China y Asia, representando al emperador y a la dinastía Yuan. Viajó a Vietnam, Sri Lanka, Indonesia, India y Birmania y regresó a Kublai para contarle lo que había visto y sus experiencias, como la gente que conoció viajando, sus costumbres y su cultura. El Khan exploró el mundo a través de los ojos de Marco Polo, y este aprendió del resto del mundo gracias al emperador.

Encrucijadas culturales

1. Aunque los mongoles tuvieron un gran impacto en China, la mayoría de los cambios se produjeron bajo el gobierno de Kublai Khan. Fomentó el comercio fijando rutas comerciales, lo que mejoró la economía. La arquitectura y la literatura china prosperaron durante la dinastía Yuan. Personas de diferentes religiones vivían en paz bajo su gobierno. Esto animó a mucha gente de todo el mundo a migrar a China. El imperio se convirtió en un centro cultural. Se construyeron muchos templos budistas y aumentó el número de monjes. El budismo sigue siendo la religión principal de China, lo que demuestra el poderoso y duradero impacto de Kublai en el país.

   Llevó a cabo muchos cambios, como la reapertura de la Ruta de la Seda, que conectaba a China con el mundo occidental. También construyó un canal, que tuvo un gran impacto en el comercio y la agricultura. Durante el reinado de Kublai también se creó el género dramático *zaju*, que dio lugar a obras maestras literarias, como *La huérfana de Zhao*, de Ji Junxiang. En 2010, se adaptó en una película titulada *Sacrificio*, que destaca el impacto que la dinastía Yuan sigue teniendo en la China actual.

Kublai también influyó en la arquitectura. Estableció la capital de la dinastía Yuan, Khanbaliq, famosa por sus construcciones, cuyo estilo aún influye en muchos edificios chinos.

2. Marco Polo pasó 17 años en China trabajando en la corte de Kublai Khan. Su libro *Los viajes de Marco Polo* dio a conocer China y su cultura en Europa. Muchos europeos han viajado a China a lo largo de los años, pero Marco Polo fue el único que documentó su aventura, por lo que sus experiencias dieron forma a la comprensión que los europeos tenían de China. El libro de Marco Polo inspiró a muchos exploradores, como Cristóbal Colón, a viajar y explorar el mundo.

Mucha gente quedó fascinada con China y Asia después de leer el libro de Marco Polo, que proporcionaba vívidas descripciones de la cultura, la riqueza y mucho más del país bajo la dinastía Yuan. Hablaba de sus ciudades, su avanzada tecnología y sus bienes. En aquella época, los europeos pensaban que Asia era un lugar incivilizado y atrasado, pero el libro de Marco Polo cambió esta percepción, y muchos se interesaron por los productos exóticos de Oriente, como la seda y las especias, lo que incrementó el comercio entre ambas regiones.

3. Los mongoles creían que los campesinos podían mejorar la economía china y beneficiar al país. Por ello, el gobierno Yuan los apoyó, reduciendo sus impuestos y proporcionándoles almacenamiento para el grano en las zonas destruidas por las guerras entre chinos y mongoles. También impidieron que los animales vagaran por las tierras de labranza de los campesinos.

Sin embargo, los campesinos no tenían una vida fácil bajo la dinastía Yuan. Eran tratados peor que los mongoles y otros extranjeros. Se les obligaba a alistarse en el ejército y se les arrebataban sus tierras, que el emperador asignaba a nobles o personas que lo beneficiaban.

4. Uno de los mayores logros de Kublai Khan fue mejorar la Ruta de la Seda para facilitar el comercio. Protegió el sistema postal mongol, fomentó el uso del papel moneda, financió las caravanas comerciales y construyó infraestructuras. Los mercaderes y exploradores europeos podían viajar fácilmente por la Ruta de la Seda desde Europa hasta Asia Oriental. Intercambiaron muchas mercancías por la famosa ruta, como pólvora, papel, seda, joyas,

porcelana y caballos.

5. Los mongoles dividieron la sociedad en cuatro clases: los mongoles estaban en la cima, seguidos de los *semis* (tribus de Asia Central), los *han* (del norte de China) y los chinos del sur de la dinastía Song. Las personas de cada clase recibían tratos diferentes. Los mongoles tenían todo el poder y recibían un trato especial. Los chinos del sur recibían un trato diferente, porque los mongoles no confiaban en ellos, ya que estaban asociados con la dinastía Song.

Cada clase también recibía un trato legal diferente en función de su estatus. Por ejemplo, si un mongol y un chino del sur cometían el mismo delito, el chino del sur recibía un castigo más severo. A los sureños y a los *chinos han* no se les permitía criar águilas o perros, ni poseer armas.

Consecuencias históricas

1. El Imperio mongol fue uno de los más poderosos e influyentes del mundo. Kublai Khan tomó algunas decisiones que ayudaron al crecimiento del país. Muchos historiadores coinciden en que la dinastía Yuan y los mongoles cambiaron el mapa del mundo. Los mongoles comenzaron como una tribu que evolucionó bajo el gobierno de Gengis Khan, hasta convertirse en un imperio que controlaba China y otras partes de Asia.

Gengis Khan fue la razón por la que Mongolia se convirtió en un país democrático. Aunque era analfabeto, Gengis Khan impuso la lengua escrita en su imperio después de ver el impacto de la alfabetización y la escritura en la tribu *naiman*. La expansión mongola contribuyó a la migración de la tribu túrquica, lo que les permitió extender su cultura por todo el mundo. El mapa del mundo cambió entre el 1200 y el 1500 gracias a los mongoles. Su impacto en China no puede ignorarse, ya que unificaron los países separados y abrieron la puerta al comercio entre Oriente y Occidente. Esto introdujo a China en el mundo y familiarizó al país con otras culturas.

Puede que los mongoles causaran muchas destrucciones, pero también aportaron algunos cambios positivos. Europa y Asia disfrutaron de un siglo de paz. Este periodo se llamó Pax Mongólica. El resultado fue la reapertura de la Ruta de la Seda, que permitió el comercio entre Europa y Asia. Antes de la invasión mongola, China y Europa no sabían mucho la una de la otra. El comercio familiarizó a ambas culturas y permitió el intercambio de ideas, conocimientos, información y tecnología.

2. La muerte de Kublai Khan inició el declive de la dinastía Yuan. Mientras vivió, controló todo el país bajo un solo imperio. Sin embargo, tras su muerte, China se dividió en cuatro imperios, lo que debilitó al país y facilitó que los rebeldes derrocaran al gobierno y que la dinastía Ming ocupara su lugar. Los sucesores de Kublai no fueron tan poderosos ni inteligentes como él, por lo que fracasaron en su intento de gobernar el imperio.

3. Después de que Kublai Khan se convirtió en emperador, intentó acercarse al pueblo chino, vistiendo las ropas del emperador chino, pidiendo consejo a los eruditos confucianos, viajando en una silla *sedan* y adoptando muchas otras costumbres. Sin embargo, colocó a los chinos en puestos bajos del gobierno y nunca les dio ningún poder, ya que solo los mongoles podían tener el control. Sus esfuerzos y los de otros gobernantes Yuan fueron superficiales, y nunca vieron a los chinos como iguales; los consideraban ciudadanos de segunda clase. Los chinos acabaron por darse cuenta y se enfrentaron a ellos, lo que provocó la caída del imperio.

4. Japón derrotó a la dinastía Yuan en dos ocasiones, pero la invasión tuvo múltiples consecuencias que afectaron a ambos países. El segundo ataque a Japón causó más destrucción a los mongoles que el primero. Sus barcos fueron destruidos, más de la mitad de sus soldados murieron y sufrieron muchas pérdidas terribles. Algunos historiadores sostienen que la invasión de Japón destruyó los recursos de los mongoles.

Por su parte, los ataques supusieron un punto de inflexión para Japón. El país pasó por dos invasiones y esperaba una tercera, por lo que su ejército estuvo preparado durante treinta años. Esto tuvo un gran impacto en la economía del país. Los soldados no cobraban y estaban enfadados. Los campesinos también tenían problemas, ya que la agricultura se resentía.

Por suerte para ellos, los mongoles no volvieron a atacar. En el siglo XIII, la invasión mongola fue uno de los mayores acontecimientos de la historia de Japón. El país nunca antes había participado en grandes guerras; solo había experimentado pequeñas luchas, que normalmente implicaban a pequeñas partes del país. La invasión mongola expuso a Japón a la política extranjera.

Estos acontecimientos provocaron actos de rebelión, una guerra civil que duró quince años y la caída del gobierno japonés.

5. Europa estaba aterrorizada por la invasión de los países vecinos por parte de los mongoles. El Imperio mongol se expandía rápidamente y sus ataques eran crueles y brutales. Destruían ciudades y mataban a todo el que encontraban a su paso. Aunque no atacaron Europa, los europeos estaban en pánico. Las invasiones mongolas contribuyeron a la propagación de la peste bubónica o peste negra, una enfermedad mortal que se propagó por la picadura de las pulgas y mató a unos cincuenta millones de personas en Europa.

Análisis comparativo

1. Kublai Khan dio forma al gobierno de la dinastía Yuan después de convertirse en emperador, siguiendo el consejo de mongoles, budistas tibetanos, uigures turcos, jurchens, kitán y chinos, para crear un sistema que se adaptara a las diferentes culturas de la población de China. La dinastía Yuan dividió el país en once provincias, cada una de ellas gobernada por el ejército y el Censorado (un poderoso organismo de la antigua China que vigilaba a los administradores para evitar la corrupción).

Bajo la dinastía Song, el gobierno central controlaba los distritos. Los administradores eran asignados a otra unidad cada tres años, y los generales del gobierno los vigilaban en todo momento. Si cometían un error, los generales lo comunicaba a la capital sin decir nada ni avisar al administrador.

2. Xuanzong y Kublai Khan procedían de dinastías diferentes. La dinastía Yuan parecía más una ocupación, con los mongoles tomando el poder y los chinos siendo tratados como extraños en su país de origen. Las cosas eran diferentes en la dinastía Song, ya que la población china recibía tratos diferenciados en función de la clase social y no de la nacionalidad.

Ambos emperadores tenían muchas similitudes. El comercio era importante para ellos y mejoraron la Ruta de la Seda para facilitarlo. Ambos fueron buenos gobernantes, que trabajaron para desarrollar el país y mejorar la economía, a diferencia de algunos emperadores de dinastías pasadas, que solo se centraron en sus intereses.

Sin embargo, también eran diferentes en muchos aspectos. Mientras que Kublai Khan dio a la gente la libertad de practicar la religión que quisiera, Xuanzong hizo del taoísmo la religión principal del país.

La literatura y el arte avanzaron durante el gobierno de Xuanzong. Durante la dinastía Song, se escribieron miles de obras literarias, a diferencia de lo que sucedió bajo el gobierno de los mongoles, que no tenían tiempo para la poesía ni la prosa.

Kublai y su dinastía siguieron siendo poderosos hasta su muerte, mientras que Xuanzong se centró en sus propias necesidades, lo que debilitó el imperio y contribuyó a su caída.

3. La Yuan, la Qin y la Sui son tres de las dinastías chinas más cortas, y no se puede evitar la pregunta de qué tenían en común para explicar su prematura caída. Kublai consiguió encontrar un equilibrio entre los mongoles y los chinos, y crear paz y armonía a lo largo de su reinado. Muchos de sus sucesores lucharon por conseguir este equilibrio, lo que dio lugar a rebeliones. La dinastía Yuan podría haber durado más tiempo, si hubiera concedido a los chinos los mismos derechos que a los mongoles.

La dinastía Qin solo duró quince años por una buena razón. Sus gobernantes eran crueles y tiranos. A los trabajadores que construyeron la Gran Muralla China y el canal no se les pagaba, y eran obligados a trabajar a cambio de una pequeña cantidad de comida. Se quemaban libros de historia y la filosofía iba contra la ley. La población, sin importar su clase, no se sentía segura y no soportaba la tiranía de los gobernantes, lo que contribuyó a la caída.

La dinastía Sui solo duró 37 años. El ataque a Corea se saldó con una desastrosa derrota, que causó muchos problemas en el país. También se trataba terriblemente a los campesinos, lo que provocó rebeliones y el posterior derrocamiento del gobierno.

Todas estas dinastías terminaron por la forma en que trataban a su pueblo. Los imperios tiranos no duran. Tarde o temprano, la gente alza la voz y dice basta.

4. La economía china prosperó bajo las dinastías Tang y Yuan. Ambas se centraron en el comercio y en mejorar la Ruta de la Seda, lo que les permitió comerciar con muchos países e impulsar la economía china. La dinastía Tang también desarrolló las rutas marítimas, lo que permitió a los mercaderes utilizar diferentes caminos para comerciar con más países. La dinastía Yuan no solo se centró en el comercio; también desarrolló la industria artesanal y la agricultura, que era el principal objetivo de Kublai.

5. El arte floreció durante las dinastías Song y Yuan. Las pinturas de paisajes fueron muy populares durante la dinastía Song. Los pintores se centraban en la naturaleza y creaban obras realistas, en lugar de pintar algo salido de su imaginación. El arte chino no cambió mucho durante la dinastía Yuan. La porcelana azul y blanca y las pinturas de paisajes eran muy populares. La pintura era también una forma frecuente de expresión en la dinastía Yuan.

Capítulo 6: La elegancia de la dinastía Ming: viajes, arquitectura y gobierno

Tras la caída del Imperio mongol, la dinastía Ming ocupó su lugar. Esta dinastía se enfrentó a muchos desafíos internos y externos. Sin embargo, se mantuvo firme y superó todos los complots y enemigos que intentaron destruirla. La dinastía siguió creciendo y se convirtió en una de las más poderosas e influyentes de la historia de China.

La dinastía Ming sufrió el mismo destino que todas las dinastías que la precedieron. Un gobierno corrupto y un campesinado descontento provocaron la rebelión y la caída de la dinastía Ming.

Prepárese para responder a interesantes preguntas y aprender más sobre otra antigua dinastía china.

Verdadero o falso

1. **La Ciudad Prohibida es uno de los mayores logros de la dinastía Ming.**
    - Verdadero
    - Falso

2. La dinastía Ming solo se centró en su ejército e ignoró la literatura.

- Verdadero
- Falso

3. Las mujeres recibían el mismo trato que los hombres en la dinastía Ming.

- Verdadero
- Falso

4. La dinastía Ming recuperó los exámenes para funcionarios.

- Verdadero
- Falso

5. La dinastía Ming siguió utilizando papel moneda.

- Verdadero
- Falso

Opción múltiple

1. ¿Cuál se convirtió en la nueva capital de China durante la dinastía Ming?

A. Nanjing

B. Karakorum

C. Khanbaliq

D. Pekín

2. ¿Quién fue considerado el mayor explorador de China?

A. Zheng He

B. Marco Polo

C. Zhau Li

D. Yongle

3. ¿Quién fue el primer gobernante de la dinastía Ming?

A. Li Zicheng

B. Shen Zhou

C. Zhu Yuanzhang

D. Zhu Ming

4. ¿Quiénes fueron los primeros europeos que comerciaron con la antigua China?

      A. Los británicos

      B. Los franceses

      C. Los portugueses

      D. Los españoles

5. ¿Cómo se llamaba la ópera introducida durante la dinastía Ming?

      A. Kun Qu

      B. Zhen Hu

      C. Ópera Ming

      D. Zhu Ming

Rellene los espacios

1. La porcelana _____ fue popular durante la dinastía Ming.

2. _____ era la religión de la dinastía Ming.

3. El emperador de los Ming creció en medio de la _____.

4. La dinastía Ming creó el _____ para recaudar impuestos.

5. La dinastía Ming practicó el _____ para proteger a China.

Respuestas cortas

1. ¿Cómo se llamaba el fundador de la dinastía Ming?

_____

_____

_____

2. ¿Dónde se encontraba el gobierno Ming?

_____

_____

_____

3. ¿Cómo se llamaron los viajes que realizó Zheng He?

_____

_____

_____

4. ¿Por qué terminaron los viajes del tesoro de los Ming?

_____

_____

_____

5. ¿Cómo se protegió la dinastía Ming de los mongoles?

_____

_____

_____

Identifique las imágenes

1. Mencione el nombre de este famoso personaje.

Imagen 52

Respuesta: _____

2. Identifique esta imagen y mencione la finalidad del edificio.

Imagen 53

Respuesta: _____

3. Identifique esta imagen.

Imagen 54

Respuesta: _____

4. Identifique esta imagen.

Imagen 55

Respuesta: _____

5. Identifique esta imagen y mencione para qué se utilizó.

Imagen 56

Respuesta: _____

Escenario de toma de decisiones

1. Si usted fuera Zheng He, ¿cómo planificaría un viaje para promover el poder de la dinastía Ming y establecer relaciones comerciales? Enumere tres consideraciones clave.

   _____

   _____

   _____

2. Alagakkonara, el rey de Sri Lanka, no dio la bienvenida a Zheng He cuando este lo visitó para iniciar una relación comercial entre los dos países. El rey intentó destruir los barcos de Zheng, así que el explorador secuestró al rey y lo llevó a China. ¿Está de acuerdo con lo que hizo Zheng? ¿Qué haría usted si estuviera en su lugar?

   _____

   _____

   _____

3. Zheng se topó con un grupo de piratas en uno de sus viajes. Los piratas fingieron rendirse para escapar. Zheng descubrió su plan y se enzarzó en una batalla con ellos. Sus soldados mataron a 5000 piratas y se llevaron a su líder a China para castigarlo. Si usted fuera un explorador y se encontrara con piratas o gente que intentara robarle el barco, ¿qué haría?

   _____

   _____

   _____

4. Si usted fuera arquitecto durante la dinastía Ming, ¿qué construiría y por qué?

   _____

   _____

   _____

5. Si usted fuera emperador durante la dinastía Ming, ¿qué leyes introduciría y cuáles cambiaría?

   _____

   _____

   _____

Encuentre las correspondencias

1. El Jardín Yu. Pan Yunduan fue gobernador durante la dinastía Ming. Construyó el jardín para que su padre pudiera relajarse y disfrutar de un entorno tranquilo en su vejez.	 Imagen 57
2. Templo Bao'en - Un museo budista construido para el culto.	 Imagen 58
3. Templo Zhihua. Wang Zhen, uno de los dictadores más poderosos de la dinastía Ming, ordenó a sus hombres construir el templo.	 Imagen 59

4. La Ciudad Prohibida. Fue construida como hogar para los emperadores chinos, sus familias y sus sirvientes.	 Imagen 60
5. Las Tumbas Ming. 16 de los emperadores de la dinastía Ming están enterrados en estas tumbas.	 Imagen 61

Análisis de causa y efecto

1. Analice el impacto de los refuerzos de la Gran Muralla durante la dinastía Ming en la defensa de China contra las invasiones.

   _____

   _____

   _____

2. Analice el impacto que los viajes de Zheng He tuvieron en China y su relación con otros países.

   _____

   _____

   _____

3. Analice el impacto del neoconfucianismo en el pueblo chino durante la dinastía Ming.

   _____

   _____

   _____

4. Discuta el impacto del desarrollo de la imprenta en la dinastía Ming.

   _____

   _____

   _____

5. Discuta el impacto de las bajas temperaturas que se produjeron durante la dinastía Ming.

   _____

   _____

   _____

Búsqueda arquitectónica

1. Describa las características únicas de la Ciudad Prohibida que reflejan el estilo arquitectónico y la importancia cultural de la dinastía Ming.

   _____

   _____

   _____

2. Hable de las características únicas de los jardines Yu y de cómo pueden aportar paz y relajación.

   _____

   _____

   _____

3. Hable sobre el parque de las ruinas de la muralla Ming de Pekín.

   _____

   _____

   _____

4. Describa las características únicas de la Gran Muralla China y su importancia cultural.

   _____

   _____

   _____

5. Describa las características únicas del antiguo observatorio de Pekín.

   _____

   _____

   _____

Debate político

1. Discuta los pros y los contras de la política de prohibición marítima (*Haijin*) aplicada durante la dinastía Ming. ¿Cómo afectó a las actividades marítimas de China?

_____

_____

_____

2. Discuta los pros y los contras del aislacionismo y cómo afectó a la antigua China.

_____

_____

_____

3. Discuta los pros y los contras del sistema de exámenes de la función pública y cómo afectó a la antigua China.

_____

_____

_____

4. Discuta los pros y los contras del Mandato del cielo y su impacto en la dinastía Ming.

_____

_____

_____

5. Discuta los pros y los contras del sistema político de la dinastía Ming.

_____

_____

_____

Respuestas

Verdadero o falso

1. **Verdadero** *(La Ciudad Prohibida fue el centro político de la antigua China durante más de quinientos años. Fue el hogar de 24 de los emperadores Ming y Qing, y de sus familias. Actuaba como una fortaleza que protegía al emperador y a su familia, con su muralla de 26 pies de altura y sus altas torres de vigilancia. La ciudad cuenta con 980 edificios y noventa palacios, todos ellos orientados hacia sur, para simbolizar la santidad. Los tejados de los edificios se construyeron amarillos, ya que este color simbolizaba el poder del emperador).*

2. **Falso** *(Las historias cortas en lengua vernácula eran populares durante la dinastía Ming y estaban escritas en la lengua del pueblo. Las personas con un alto nivel educativo disfrutaban de la literatura clásica, que era más complicada, mientras que los tenderos, los comerciantes y las mujeres cultas disfrutaban de la literatura vernácula. La literatura de viajes era otra forma popular. Se centraba principalmente en la geografía local. El poeta chino Yuan Hongdao utilizó la literatura de viajes para expresarse y para expresar su frustración por el papel del confucianismo en la política).*

3. **Falso** *(La dinastía Ming erigió una sociedad sexista. El único papel de las mujeres era cuidar de la casa. No se les permitía trabajar ni ser independientes económicamente. Las mujeres eran analfabetas porque se les negaba la educación).*

4. **Verdadero** *(La dinastía Ming no solo revivió los exámenes de la función pública, sino que también los mejoró para hacerlos diferentes de los de las dinastías anteriores. Se permitía que personas de diferentes clases se presentaran al examen, para evitar que la clase alta controlara todos los puestos públicos).*

5. **Falso** *(Las dinastías anteriores, como las dinastías Tang y Song, introdujeron el papel moneda, que facilitaba el comercio. Sin embargo, esta forma de moneda se volvió inestable durante la dinastía Ming y fue sustituida por monedas de plata, importadas de Japón y España).*

Opción múltiple

1. **D. Pekín** *(El gobernante de la dinastía Ming, el emperador Yongle, trasladó la capital de Nanjing a Pekín. Pekín permaneció como capital durante 224 años y sufrió numerosos cambios durante ese tiempo).*

2. **A. Zheng He** *(Zheng era un erudito musulmán que sirvió al país durante el gobierno del emperador Yongle. El emperador lo envió en varios viajes y le dio miles de barcos para sus travesías, que eran de las más largas del mundo. Estos viajes fueron pacíficos y Zheng no tenía intención de invadir ningún país. Sin embargo, estaba dispuesto a utilizar la fuerza si se le faltaba el respeto a él o a su país).*

3. **C. Zhu Yuanzhang** *(Zhu regresó al Mandato del cielo para fortalecer su gobierno. Hizo todo lo que estuvo en sus manos para proteger su trono. Castigó a los funcionarios del gobierno que no estaban de acuerdo con él y nombró a miembros de su familia como jefes de gobierno en todas las provincias).*

4. **C. Los portugueses** *(La dinastía Ming era estable y la agricultura avanzaba, lo que repercutió en el comercio internacional y mejoró la economía. Los mercaderes portugueses fueron los primeros en comerciar con China. El comercio con Portugal se convirtió en una parte importante de la economía, y el gobierno dio a los europeos su propia base comercial).*

5. **A. Kun Qu** *(También deletreada Kunqu, se creó en la ciudad de Kunshan y es una de las óperas más antiguas de China. Es famosa por sus bellas melodías y su estructura dinámica. La ópera regaló al mundo piezas clásicas como* La sala de la longevidad *y* El pabellón de las peonías. *Es una mezcla de gestos simbólicos, acrobacias, técnicas coreográficas, recitales y canciones. La ópera se sigue representando en China y sus personajes principales suelen ser un hombre y una mujer. También cuenta con un anciano y múltiples papeles cómicos.*

Rellene los espacios

1. **Azul y blanca** *(Los artistas Ming crearon una gran variedad de hermosas piezas de cerámica, pero fueron más famosos por su porcelana azul y blanca. Fue exportada a muchos países y les inspiró para crear la suya propia. La porcelana azul y blanca no era*

---

nueva, ya que muchas dinastías anteriores la habían fabricado. Sin embargo, los artistas de la dinastía Ming la perfeccionaron y se convirtió en un símbolo de la dinastía).

2. **El neoconfucianismo** *(Los antiguos eruditos chinos empezaron a cuestionarse todo durante la dinastía Ming. Wang Yangming, uno de los eruditos más influyentes, se inspiró en las enseñanzas budistas e introdujo nuevas ideas filosóficas. Creía que todas las personas, independientemente de su clase, podían desarrollar sus propias ideas sobre lo correcto, mediante la autorreflexión y el pensamiento profundo, sin necesidad de estudiar la obra de Confucio. Sin embargo, su creencia de lo correcto era subjetiva).*

3. **Pobreza** *(Zhu Yuanzhang quedó huérfano a los 16 años. Vivió en las calles mendigando comida y dinero, hasta que ingresó en un monasterio budista. Unos años más tarde, el monasterio ardió durante un conflicto entre los rebeldes budistas de los Turbantes Rojos y el ejército de la dinastía Yuan. Zhu se unió a los Turbantes Rojos, se casó con la hija de uno de sus comandantes y ascendió al poder).*

4. **Censo** *(La economía china se resintió tras el dominio mongol. Las catástrofes naturales también habían causado graves daños al país. El gobierno Ming desarrolló proyectos de reforestación e irrigación, y confió más en la agricultura que en el comercio. Mientras que la dinastía Song basaba su sistema fiscal en el comercio, la dinastía Ming utilizó un censo de población para calcular la cantidad adecuada de impuestos).*

5. **Aislacionismo** *(China era uno de los países más ricos y poderosos de Asia durante la dinastía Ming. A diferencia de las dinastías anteriores, la dinastía Ming no tenía ningún interés en expandir su imperio. Se aisló del resto del mundo para protegerse de la influencia de Europa).*

Respuestas cortas

1. **El emperador Hongwu** *(Después de que Zhu Yuanzhang se convirtió en emperador, tomó el nombre de Hongwu, que significa «grandeza marcial», y puso a la dinastía el nombre de Ming, que significa «brillante». Se cree que Zhu eligió el nombre Ming como referencia al dios de la luz que adoraba su grupo de rebeldes).*

---

2. **La Ciudad Prohibida** *(Se llama «Zijincheng» en chino, que significa «Ciudad Prohibida Púrpura». Se le dio este nombre porque la entrada estaba prohibida para la mayoría de los ciudadanos. Aunque albergaba oficinas gubernamentales, a sus empleados se les permitía un acceso limitado. Ni siquiera a la familia real se le permitía entrar en todas las secciones. Solo los emperadores tenían acceso a todos los edificios y palacios).*

3. **Viajes del tesoro** *(Se les dio ese nombre porque transportaban las riquezas de China para mostrar al mundo su poder, riqueza y prestigio).*

4. **Problemas financieros** *(Los viajes del tesoro terminaron por diversas razones. El emperador Yongle patrocinaba estos viajes, pero tras su muerte, las cosas cambiaron. Su sucesor, el emperador Hongxi, no tenía la pasión de su padre y puso fin a estas expediciones. Además, eran muy caros para el país; no eran viajes comerciales, por lo que no aportaban dinero. El emperador Hongxi se dio cuenta de que el país tenía problemas financieros debido a estas aventuras innecesarias, así que les puso fin).*

5. **Reforzando la Muralla China** *(La Muralla China había estado descuidada durante gran parte de la historia de China. Las dinastías anteriores no le prestaron mucha atención ni la mantuvieron. Cuando la dinastía Ming llegó al poder, la muralla estaba en mal estado. Los mongoles amenazaban constantemente a la dinastía Ming, por lo que el gobierno Ming se dio cuenta de que restaurar y reforzar la muralla era una buena forma de protegerse y evitar nuevos ataques).*

Identifique las imágenes

1. **Zhu Yuanzhang** *(El fundador de la dinastía Ming logró muchas cosas. Construyó escuelas locales e hizo que la educación estuviera al alcance de todos, revivió los exámenes de la función pública y contribuyó al arte, fundando la Academia de Pintura de Nanjing).*

2. **Torre del Tambor Bianjing** *(Este edificio de 129 pies contenía campanas y tambores que se utilizaban como instrumentos musicales y, más tarde, el gobierno los utilizó para dar la hora).*

3. **Parque de las ruinas de la muralla Ming de Pekín** *(El parque alberga las ruinas de la muralla Ming, que el gobierno Ming construyó para protegerse de los ataques de los mongoles).*

---

4. **Antiguo Observatorio de Pekín** *(Se construyó en 1442 y fue el observatorio de las dinastías Ming y Qing. Ocho de sus instrumentos astronómicos siguen intactos).*

5. **Barco de Zheng He** *(Los barcos más grandes de la flota de Zheng se llamaban* baoshan *o barcos del tesoro. Tenían 210 pies de ancho y unos 440 pies de largo. Zheng también tenía barcos más pequeños que transportaban caballos, mercancías y comida para la tripulación. Los más pequeños estaban diseñados para la batalla. Curiosamente, los barcos más pequeños eran el doble de grandes que el barco de Cristóbal Colón, la Santa María).*

Encuentre las correspondencias

1. **Foto 2** *(El jardín Yu era uno de los más grandes y elegantes de la época. Yu es una palabra china que se traduce como apacible y agradable. Tiene un diseño muy singular, con un puente en zigzag, rocas esculpidas, pabellones en medio del lago, esculturas de arcilla, inscripciones de dinastías pasadas, tallas de ladrillo, pinturas y caligrafías de artistas famosos).*

2. **Foto 5** *(El templo refleja la belleza del arte de la dinastía Ming con sus esculturas, pinturas, murales y otros añadidos ornamentales).*

3. **Foto 4** *(El templo Zhihua es una de las estructuras arquitectónicas de la dinastía Ming mejor conservadas de Pekín. Está repleto de bellos diseños que muestran la brillantez de los arquitectos y artistas de la dinastía Ming, como la Sala de los Diez Mil Budas).*

4. **Foto 1** *(Se necesitaron un millón de trabajadores, cien mil artesanos y catorce años para terminar de construir la Ciudad Prohibida. Es tres veces más grande que el museo del Louvre y alberga algunas de las estructuras de madera mejor conservadas del mundo. Es un testimonio de la maestría arquitectónica de la dinastía Ming. Por ejemplo, el tejado fue diseñado de una forma única, para evitar que los pájaros se posaran en él y mantenerlo limpio).*

5. **Foto 3** *(Estas tumbas se construyeron en el interior de la montaña Tianshou para crear un conjunto de magníficos mausoleos. Este complejo de tumbas es el mayor del mundo y refleja la rica y fascinante cultura de la antigua China. Las tumbas se consideran un gran logro del diseño, por mezclar el arte paisajístico con la arquitectura).*

Análisis de causa y efecto

1. Los mongoles siguieron atacando a la dinastía Ming hasta que consiguieron secuestrar a su emperador Zhengtong. Pidieron un rescate para devolverlo, pero los funcionarios Ming decidieron sustituirlo por su hermanastro. El gobierno Ming se dio cuenta de que necesitaba reconstruir la Gran Muralla, porque era su defensa más fuerte contra los ataques de los mongoles. La Gran Muralla China impedía que tribus nómadas, como los mongoles, entraran en China y causaran estragos.

2. Los viajes de Zheng He expandieron la influencia cultural y política de la antigua China por todo el mundo. En ellos, el explorador consiguió establecer lazos diplomáticos con otros países y aportó conocimientos e información sobre Occidente, que fascinaron a los orientales y les despertaron la curiosidad por otras culturas. La antigua China debía mucho a las expediciones de Zheng, ya que aumentaron el poder y la influencia del país. Mostró al mundo la riqueza, la rica cultura y la civilización de China.

3. El neoconfucianismo desempeñó un gran papel en el mantenimiento y el establecimiento del orden en la antigua China durante toda la dinastía Ming. Las creencias budistas y taoístas se integraron con el confucianismo, lo que condujo a un avance de las expresiones literarias y artísticas, como la poesía, la pintura y la caligrafía. El neoconfucianismo tomó los mismos valores del confucianismo y subrayó la importancia de la moral, la comunidad y la familia. Estas creencias ayudaron al antiguo pueblo chino a desarrollar un sentido de la cooperación, la armonía y la responsabilidad. El neoconfucianismo se extendió a otros países de Asia, lo que permitió el intercambio cultural y filosófico.

4. La invención de la imprenta redujo el precio de los libros, lo que los hizo fácilmente accesibles para todas las clases sociales. Esto redujo el analfabetismo y permitió la difusión del conocimiento.

5. Hubo un periodo en la historia de la antigua China llamado la Pequeña Edad de Hielo. Se refiere a un periodo de clima más frío y glaciación que provocó hambrunas en varios lugares del mundo, incluida China. Muchos historiadores creen que contribuyó a la caída de la dinastía Ming. En 1620, la temperatura en la antigua China descendió drásticamente, lo que afectó las cosechas. El país también se vio afectado por otros desastres naturales, como

inundaciones, sequías y hambrunas, que debilitaron a la dinastía Ming.

Búsqueda arquitectónica

1. El diseño único de la Ciudad Prohibida es lo que la convierte en una obra maestra de la arquitectura y en uno de los monumentos más significativos de China. Los antiguos chinos creían que el emperador era el hijo del cielo, por lo que su hogar debía reflejar su estatus sagrado. Las principales salas y puertas de la Ciudad Prohibida estaban dispuestas en el eje norte-sur. Creían que el cielo era la estrella del norte y la ciudad apuntaba directamente hacia él. También posee la única estructura completamente de madera del mundo. Las estructuras principales de los edificios estaban hechas de columnas y vigas de madera. Sin embargo, no se utilizaban clavos, porque se creía que eran violentos.

2. Los jardines Yu poseen características únicas que muestran los logros arquitectónicos de la dinastía Ming, a la vez que invitan a la tranquilidad y a la relajación. Contienen hermosas rocallas, arcadas, pagodas, estanques resplandecientes y salones decorativos. Un paseo por sus arcadas ayuda a olvidar todas las tensiones. En sus largos corredores, destaca la magnífica roca de Jade.

3. En Pekín solo quedan en pie dos murallas de la dinastía Ming. Una se extiende desde Chongwenmen hasta la torre sureste, que simboliza la ciudad. También es la única parte que queda de la muralla original. La torre de la esquina sureste es la más grande que queda, y fue construida durante el reinado del emperador Zhengtong, de Ming.

4. Dos de las principales características arquitectónicas de la Gran Muralla son su impresionante paisaje y sus funciones defensivas. Artesanos, estrategas militares, arquitectos e ingenieros civiles trabajaron juntos para mejorar la longevidad y el rendimiento de la muralla. Se colocaron estratégicamente murallas, almenas y torres de vigilancia para mejorar la defensa, la comunicación y la vigilancia. Se utilizaron materiales de la más alta calidad para construir la muralla y garantizar que pudiera sobrevivir a los desastres naturales y a los ataques.

5. Es uno de los observatorios más antiguos del mundo y alberga algunos de los instrumentos antiguos más avanzados. Mide 58 pies de altura y está situado en el centro de Pekín. Los astrónomos lo utilizaron durante las dinastías Ming y Qing para observar las estrellas y otros cuerpos celestes en el cielo, e informar de sus movimientos al rey, ya que era el «Hijo del Cielo». Aunque los instrumentos son más interesantes que la arquitectura, no se puede dejar de admirar el sencillo diseño del edificio y la forma estética en que están colocados los instrumentos.

Debate político

1. Los gobernantes de la dinastía Ming aplicaron la política de prohibición marítima durante el periodo aislacionista, cuando restringieron el comercio marítimo y aislaron a China del resto del mundo. La *Haijin* se impuso para proteger a las flotas chinas contra los piratas japoneses. Sin embargo, la prohibición resultó contraproducente. Los marineros afectados por la prohibición marítima se dedicaron al contrabando y la piratería. El emperador y fundador de la dinastía Ming, Zhu Yuanzhang, introdujo esta política, que repercutió negativamente en el crecimiento y el comercio del país. Aunque resultó contraproducente, esta política duró mucho tiempo. La prohibición aún tenía algunas ventajas. Liberó al ejército Ming para asegurar las fronteras del país y destruir a los leales a los Yuan.

2. El aislacionismo dificultó el comercio y el intercambio cultural entre China y otras civilizaciones. Por otro lado, protegió a China de las invasiones y le permitió desarrollar una cultura única, alejada de la influencia de Occidente.

3. Los exámenes de la función pública permitieron a todas las clases trabajar en puestos gubernamentales, al proporcionar un sistema justo, que ponía a prueba los conocimientos de la gente sobre confucianismo, literatura y escritura. Las personas eran elegidas en función de sus logros, no de su clase social y sus conexiones familiares. Sin embargo, estos exámenes eran extremadamente difíciles y permitían el ascenso de muy pocos campesinos o artesanos.

4. El Mandato del cielo recordaba a los emperadores que tenían obligaciones morales para con sus súbditos y que debían ser justos, amables y compasivos, y anteponer las necesidades de su pueblo a

sus propios deseos. Si un gobernante se convertía en un tirano o descuidaba sus obligaciones, el Mandato del cielo daba al pueblo el derecho a derrocarlo. Sin embargo, algunas personas lo utilizaron como excusa para destruir a gobernantes y dinastías y simplemente ocupar su lugar.

5. La dinastía Ming consiguió muchos logros durante su época, como la restauración de la Gran Muralla, los viajes del tesoro para mostrar el poder y la cultura de China al mundo, la reactivación de los exámenes civiles y el aumento del comercio internacional y del crecimiento económico. Sin embargo, también sufrieron algunos reveses, como el gasto excesivo del gobierno y la corrupción, que provocaron la rebelión de los campesinos.

Capítulo 7: Vida cotidiana y sociedad en la antigua China

¿Se ha preguntado alguna vez cómo era la vida de los antiguos chinos? Era diferente de la nuestra actualmente. No disponían de la tecnología, ni de las comodidades que mucha gente da por sentadas hoy en día. Tenían que vivir bajo reglas estrictas de emperadores que no siempre tenían en cuenta los intereses de su pueblo. Haga un viaje en el tiempo y póngase en los zapatos de personas que vivieron hace siglos en una tierra lejana.

Verdadero o falso

1. La mayoría de los antiguos chinos eran campesinos.
    - Verdadero
    - Falso
2. Las antiguas mujeres chinas podían divorciarse fácilmente de sus maridos.
    - Verdadero
    - Falso
3. Todos los niños iban a la escuela en la antigua China.
    - Verdadero
    - Falso

4. Los antiguos chinos respetaban a los muertos.

- Verdadero
- Falso

5. Todas las personas vestían igual en la antigua China.

- Verdadero
- Falso

Opción múltiple

1. ¿Qué colores podían llevar los campesinos durante la dinastía Sui?

    A. Rojo y verde

    B. Amarillo y azul marino

    C. Blanco y gris

    D. Negro y azul

2. ¿Cuál era la bebida más popular en la antigua China?

    A. Zumo de fresa

    B. Té

    C. Café

    D. Todas las anteriores

3. ¿Cuál era la clase más baja en la antigua China?

    A. Agricultores

    B. Profesores

    C. Mercaderes

    D. Trabajadores de la construcción

4. ¿Qué parte del cuerpo no se cortaban los antiguos chinos?

    A. Cabello

    B. Uñas

    C. Uñas de los pies

    D. Todas las anteriores

5. ¿Con qué se marcaba a los delincuentes?

    A. Piercings

    B. Pelo corto

    C. Ropa negra

    D. Tatuajes

Rellene los espacios

1. El matrimonio en la antigua China se concertaba a través de
   _____.

2. _____ era el tipo de arte más popular.

3. _____ significa respetar a los mayores en la antigua
   China.

4. La clase social de una persona venía determinada por su
   _____.

5. _____ era el cultivo más común en la antigua China.

Respuestas cortas

1. ¿Cómo era la vida de las mujeres en la antigua China?

   _____
   _____
   _____

2. ¿Quiénes eran las únicas personas autorizadas a vestir de seda?

   _____
   _____
   _____

3. ¿Qué les hacía el vendaje de pies a los pies de las niñas y las
   mujeres?

   _____
   _____
   _____

4. ¿Qué tenían en común los antiguos cuentos chinos?

   _____
   _____
   _____

5. ¿Por qué se llamaba emperadores a los reyes?

_____

_____

_____

Identifique las imágenes

1. Identifique esta imagen y mencione de qué está hecha la prenda.

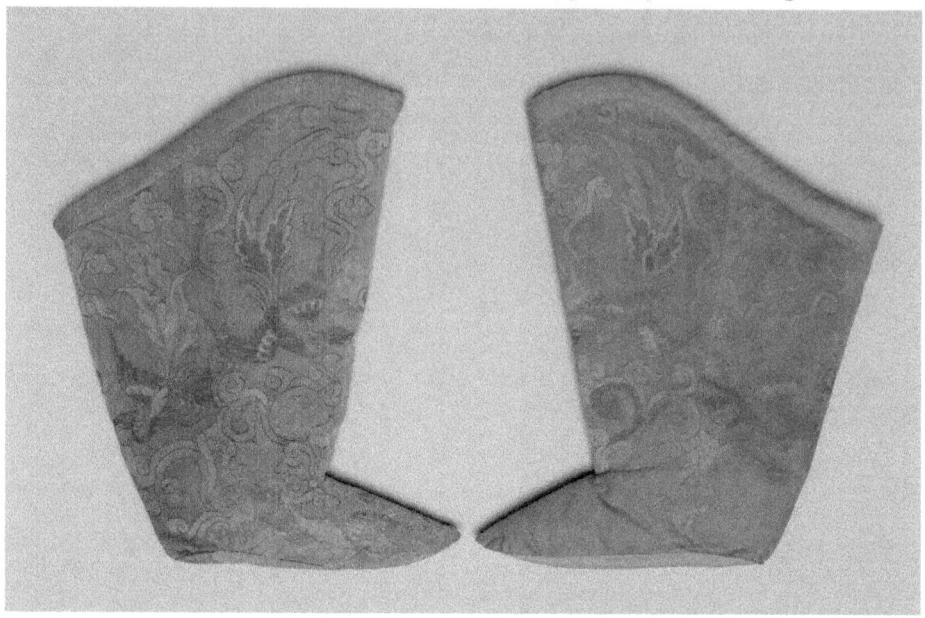

Imagen 62

Respuesta: _____

2. ¿Qué popular juego de la antigua China se representa en esta imagen?

Imagen 63

Respuesta: _____

3. Identifique esta imagen.

Imagen 64

Respuesta: _____

4. ¿Qué acontecimiento se celebra en esta imagen?

Imagen 65

Respuesta: _____

5. Describa lo que ocurre en esta imagen.

Imagen 66

Respuesta: _____

Un día en la vida/Juego de rol imaginativo

1. Imagine que es un mercader durante la dinastía Tang. Describa un día típico, incluyendo sus interacciones y los tipos de mercancías que podría comerciar.

2. Imagine que es un agricultor durante la dinastía Yuan. Describa un día típico, incluyendo sus interacciones con otros campesinos y los cultivos que siembra. Describa sus retos diarios como campesino.

3. Imagine que es un erudito oficial de la dinastía Zhou y que trabaja con Confucio. ¿De qué hablaría? ¿Qué preguntas le haría? Describa sus interacciones cotidianas.

4. Imagine que es un funcionario del gobierno durante la dinastía Qin. ¿Qué normas cambiaría y cuáles introduciría en el país? Describa sus interacciones cotidianas.

5. Imagine que es un noble durante la dinastía Han. ¿Qué haría para ayudar a los campesinos? Describa sus interacciones diarias y los retos a los que podría enfrentarse al ayudar a los pobres.

Actividad de estructura social

Imagen 67

1. Identifique las clases sociales en esta imagen, de superior a inferior.

_____

_____

_____

2. Mencione la clase social a la que se le permitía vestir de seda, poseer tierras y otra clase social que trabajaba para ellos.

_____

_____

_____

3. Gobernaban el país y nadie se atrevía a cuestionarlos ni a ellos ni a sus familias. ¿Quiénes eran?

_____

_____

_____

4. Se les consideraba la clase más baja y se les trataba de forma diferente a todos los demás. ¿Quiénes eran?

_____

_____

_____

5. ¿De qué clase social eran los filósofos, eruditos y pensadores?

_____

_____

_____

Análisis comparativo

1. Compare su vida cotidiana con la de un niño de la antigua China. ¿Cuáles son las diferencias y similitudes más llamativas?

_____

_____

_____

2. Compare cómo se trataba a las niñas en la antigua China con cómo se las trata hoy en día. ¿Cuáles son las diferencias y similitudes más llamativas?

_____

_____

_____

3. Compare la vida de los antiguos chinos y las luchas a las que se enfrentaban debido a la falta de tecnología con lo fácil que es la vida para usted en el mundo moderno. ¿Cuáles son las diferencias más notables?

_____

_____

_____

4. Compare a los antiguos gobernantes chinos con los presidentes de los tiempos modernos. ¿Cómo han cambiado las cosas?

_____

_____

_____

5. Compare lo difícil que era para los niños chinos recibir una educación con lo fácil que es para usted en los tiempos modernos.

_____

_____

_____

Costumbres y tradiciones

1. Describa un antiguo festival chino y su significado en la sociedad.

_____

_____

_____

2. Describa una tradición matrimonial de la antigua China.

_____

_____

_____

3. Describa una tradición funeraria de la antigua China y mencione su significado.

_____

_____

_____

4. Describa cómo se saludaban los antiguos chinos.

_____

_____

_____

5. Describa cómo celebraban el Año Nuevo los antiguos chinos.

_____

_____

_____

Dilemas éticos

1. Como funcionario erudito confuciano, ¿cuál sería su enfoque para resolver una disputa local? Tenga en cuenta los principios confucianos en su respuesta.

   _____

   _____

   _____

2. Como estudioso del legalismo, ¿qué haría usted cuando un pobre roba para alimentar a su familia?

   _____

   _____

   _____

3. Como funcionario budista, ¿qué haría si viera que alguien es tratado injustamente?

   _____

   _____

   _____

4. Como estudioso del taoísmo, ¿qué haría si alguien tuviera miedo de decir una verdad que podría salvar la vida de alguien?

   _____

   _____

   _____

5. Como funcionario erudito confuciano, ¿qué haría si alguien cercano a usted cometiera un delito?

   _____

   _____

   _____

Respuestas

Verdadero o falso

1. **Verdadero** *(La mayoría de los antiguos chinos eran agricultores. Vivían en pequeñas comunidades y trabajaban en granjas que, en algunos casos, pertenecían a los nobles y no a ellos. Los campesinos y granjeros llevaban una vida dura y estaban privados de muchos de los lujos de los que disfrutaban los nobles. Ni siquiera gozaban de derechos básicos, como la educación).*

2. **Falso** *(A las mujeres no se les permitía divorciarse de sus maridos, pero los hombres podían poner fin al matrimonio por diferentes razones, algunas de las cuales eran muy superficiales, como que su mujer hablara demasiado).*

3. **Falso** *(Solo a los niños de familias ricas y nobles se les permitía ir a la escuela. A los niños pobres se les negaba la educación).*

4. **Verdadero** *(Los antiguos chinos respetaban y honraban a sus muertos y veneraban a sus antepasados. Confucio llamaba a respetar a los ancianos y a los antepasados. La forma en que los antiguos chinos enterraban a sus muertos demuestra el respeto que sentían por ellos. Los lavaban, los vestían y les hacían ofrendas, como incienso y comida).*

5. **Falso** *(Los hombres y las mujeres vestían de forma diferente en la antigua China. Las mujeres llevaban túnicas largas, blusas, vestidos o faldas hasta los tobillos. Los hombres, por su parte, llevaban túnicas cortas, con pantalones debajo y chaquetas cortas en invierno. Durante la dinastía Song, la ropa de las mujeres se abrochaba a la izquierda. Las antiguas madres chinas cosían la imagen de un tigre en la ropa de sus hijos para protegerlos).*

Opción múltiple

1. **D. Negro y azul** *(Durante la dinastía Sui, el emperador aprobó una ley que prohibía a los campesinos vestir como la clase alta. Los campesinos solo podían vestir de negro o azul, mientras que los ricos vestían del color que quisieran).*

2. **B. Té** *(El té era la bebida más popular en la antigua China entre todas las clases. Se convirtió en la favorita de los monjes budistas cuando se dieron cuenta de que los mantenía despiertos durante horas en sus meditaciones. El vino de arroz era otra bebida común*

en la antigua China. Nadie sabe quién lo inventó, pero se hizo popular durante el siglo II).

3. C. **Mercaderes** *(Los mercaderes eran la clase más baja en la antigua China. Aunque ganaban más dinero que los artesanos y los agricultores, eran tratados como inferiores debido a su trabajo. Los comerciantes no producían nada; solo compraban y vendían productos, a diferencia de los agricultores, que producían alimentos, y los artesanos, que creaban bienes con sus manos. Muchos creían que los comerciantes eran avaros y no merecían ningún respeto).*

4. A. **El cabello** *(Los antiguos chinos, hombres y mujeres de todas las clases, no se cortaban el pelo, porque creían que era un regalo de sus antepasados. Se lo dejaban crecer durante toda la vida por respeto a ellos).*

5. D. **Tatuajes** *(Los criminales eran marcados con tatuajes en la cara y exiliados a otra región. Aunque se quemaran el tatuaje y regresaran, dejaba una cicatriz que permitía a la gente reconocer su pasado criminal).*

Rellene los espacios

1. **Los padres** *(En la antigua China, la gente no se casaba por amor. Los padres concertaban el matrimonio de sus hijos. Normalmente, elegían a las familias en función de su estatus económico o social. Algunos incluso elegían pareja para sus hijos basándose en sus signos astrológicos. Los novios no tenían voz ni voto, y algunos no se conocían hasta el día de la boda).*

2. **La caligrafía** *(La caligrafía era algo más que escritura a mano en la antigua China; era una forma de arte, más valiosa que las esculturas y las pinturas. La caligrafía era tan respetada como la poesía, y se consideraba un medio fundamental de expresión).*

3. **Piedad filial** *(Confucio enseñó a sus alumnos el concepto de piedad filial, que destaca la importancia de amar, respetar y apoyar a los padres, abuelos y otros ancianos de la familia. Todas las personas debían obedecer a sus padres, escuchar sus consejos y cuidar de ellos cuando envejecían).*

4. **Nacimiento** *(Si el padre de una persona era campesino, ella también lo sería. Durante la dinastía Han, la gente podía mejorar su estatus social presentándose y aprobando los exámenes de la*

función pública y trabajando para el gobierno).

5. **El arroz** *(Una de las cosas que tenían en común la China antigua y la moderna era su amor por el arroz. Siempre ha sido el cultivo más importante del país, y lo incorporan en muchas recetas).*

Respuestas cortas

1. **Difícil** *(Las antiguas mujeres chinas no tenían los mismos derechos que los hombres, ni política ni socialmente. Antes de casarse, sus padres tenían el control de sus vidas, y después del matrimonio, el control pasaba a sus maridos. Si enviudaban, sus hijos se hacían cargo de su patrimonio, y ellas no tenían voz ni voto en nada).*

2. **La realeza y los nobles** *(El emperador, su familia y los nobles eran los únicos que vestían de seda. Ni los fabricantes ni los mercaderes de seda podían usarla).*

3. **Los hacía más pequeños** *(El vendaje de los pies era una práctica que tenía lugar durante la dinastía Tang. Solo se realizaba a las niñas, para mantener sus pies pequeños y limitar sus movimientos. Era un procedimiento permanente y extremadamente doloroso. Solo la clase alta solía hacerlo, pero más tarde, la clase baja se unió a la moda, que duró hasta el siglo XX).*

4. **Moral** *(Cada historia de la antigua literatura china tenía diferentes animales y objetos que eran símbolos y representaban algo más grande y profundo. Detrás de estos personajes e historias había lecciones morales para los lectores).*

5. **Para reflejar su prestigio** *(Los antiguos gobernantes chinos empezaron a utilizar el término «emperador» durante la dinastía Qin. Querían distinguirse de los reyes anteriores y reflejar su prestigio, mostrándose como gobernantes más poderosos que los precedentes).*

Identifique las imágenes

1. **Zapatos de seda** *(La clase alta llevaba zapatos blandos de seda, mientras que la clase baja calzaba sandalias o botas de paja).*

2. *Liubo* *(Era un juego de mesa que requería dos jugadores. Se originó en el periodo de los Estados Combatientes).*

3. **Antiguos hogares chinos** *(Los antiguos hogares chinos diferían según el estatus social de cada persona. Las clases bajas, como los campesinos y los granjeros, vivían en chozas. Las personas de clase*

media, como los comerciantes, vivían en casas de madera).

4. **Antigua boda china** *(Si el novio moría antes de la boda, la ceremonia se celebraba y la novia vivía con su familia como viuda).*

5. **Antiguo funeral chino** *(Durante un funeral, el cuerpo del difunto se colocaba en un ataúd hecho con un viejo tronco de árbol).*

Actividad de estructura social

1. Agricultores, artesanos, artistas y guerreros.

2. Los nobles.

3. Los emperadores.

4. Los campesinos.

5. La élite.

Costumbres y tradiciones

1. El festival Qixi es uno de los antiguos festivales chinos más interesantes, que se sigue celebrando el séptimo día del séptimo mes lunar. Recibe muchos nombres, como la Noche de los Sietes o el Día de San Valentín chino. Hay una hermosa leyenda detrás de este festival que se celebraba durante la dinastía Han. Un joven granjero se enamoró de una joven del cielo. Cuando la reina del cielo se enteró, separó a los dos amantes. Pasaron años intentando volver a estar juntos y finalmente se reunieron ese día. Las antiguas chinas pasaban el día rezando por un buen marido. Ahora, es algo similar al Día de San Valentín, cuando los enamorados celebran su amor. También es un recordatorio de la importancia del romance y de que el amor lo conquista todo.

2. La mayoría de las antiguas tradiciones chinas sobre bodas tienen su origen en la dinastía Han. Una de las tradiciones más significativas era el intercambio de regalos entre las familias del novio y la novia, y la dote. Ningún matrimonio debía celebrarse sin esta costumbre. De lo contrario, se consideraba deshonroso. Tras el intercambio de regalos, la novia se iba a vivir a casa de la familia del novio.

3. Los chinos antiguos, especialmente los budistas, se deshacían de los muertos por el fuego, mediante un método llamado cremación. Sin embargo, los cuerpos de los más ricos no eran incinerados inmediatamente. Se conservaban en un templo durante un año, por respeto al difunto. Durante este tiempo, se celebraban ceremonias religiosas en su honor, como canciones, discursos y

regalos, pensando en beneficiarlos en la otra vida.

4. Zuoyi es un antiguo saludo chino de la dinastía occidental, que existe desde hace más de 3000 años. Es un saludo de puño y palma, y un símbolo de respeto y aprecio.

5. La celebración del Año Nuevo era la fiesta más importante de la antigua China. El pueblo recibía este día con fuegos artificiales para ahuyentar a los malos espíritus. También hacían sacrificios a los dioses, para asegurarse de que la tierra fuera fértil el año siguiente. Las tiendas cerraban y el gobierno se iba de vacaciones durante siete días. La gente pasaba ese tiempo expresando su gratitud por el año transcurrido y preparándose para el siguiente, haciendo ofrendas para proteger sus hogares del mal.

Capítulo 8: Inventos y descubrimientos: las contribuciones de China al mundo

Aunque la antigua China no disponía de muchos de los inventos actuales, estaba adelantada a su tiempo. Muchos de los descubrimientos que se dieron allí cambiaron la historia y demostraron lo brillantes y trabajadores que eran los antiguos chinos. Este capítulo se centra en las contribuciones de China al mundo, con preguntas divertidas y creativas.

Verdadero o falso

1. Los antiguos chinos escribían sobre seda.

   - Verdadero
   - Falso

2. Los antiguos chinos inventaron el papel higiénico.

   - Verdadero
   - Falso

3. Los antiguos chinos no fueron los primeros en usar el reloj astronómico.

   - Verdadero
   - Falso

4. La caligrafía se inventó en la antigua China.

- Verdadero
- Falso

5. Los antiguos chinos eran poco inventivos.

- Verdadero
- Falso

Opción múltiple

1. ¿Qué material necesitaba la brújula para funcionar?

A. Bronce

B. Plata

C. Jade

D. Piedra de imán

2. ¿Qué legendaria emperatriz inventó la seda?

A. Leizu

B. Li Wu

C. Wu Zetian

D. Emperatriz Zhangsun

3. ¿Sobre qué escribían los chinos antes de inventar el papel?

A. Bambú

B. Huesos

C. Conchas de tortuga

D. Todas las anteriores

4. ¿Qué inventó Bi Sheng?

A. Papel

B. Impresión con tipos móviles

C. Brújula

D. Libros

5. ¿Qué invento de la antigua China fue accidental?

A. Papel

B. Seda

C. Pólvora

D. Carruajes

Rellene los espacios

1. _____ es un antiguo invento chino que detecta los terremotos.

2. _____ es una antigua medicina china que implica el uso de agujas.

3. _____ es un invento chino que puede intoxicar a las personas.

4. _____ fue un gran invento agrícola.

5. Los antiguos chinos llamaban estrellas escoba a los _____.

Respuestas cortas

1. ¿Para qué utilizaban las cometas los antiguos chinos?

_____

_____

_____

2. ¿Para qué utilizaban las brújulas los antiguos chinos?

_____

_____

_____

3. ¿Qué facilitó y abarató la impresión xilográfica?

_____

_____

_____

4. ¿Qué descubrieron los antiguos chinos sobre el cuerpo humano?

_____

_____

_____

5. ¿Qué descubrieron los antiguos chinos sobre la luna?

_____

_____

_____

Identifique las imágenes

1. Nombre este antiguo juego chino.

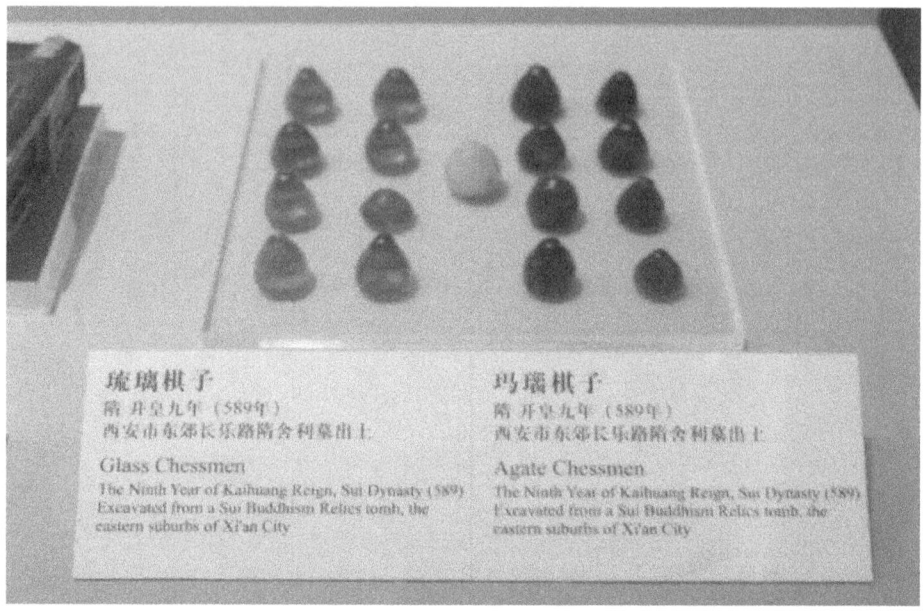

Imagen 68

Respuesta: _____

2. Nombre este antiguo invento chino.

Imagen 69

Respuesta: _____

3. Nombre esta arma.

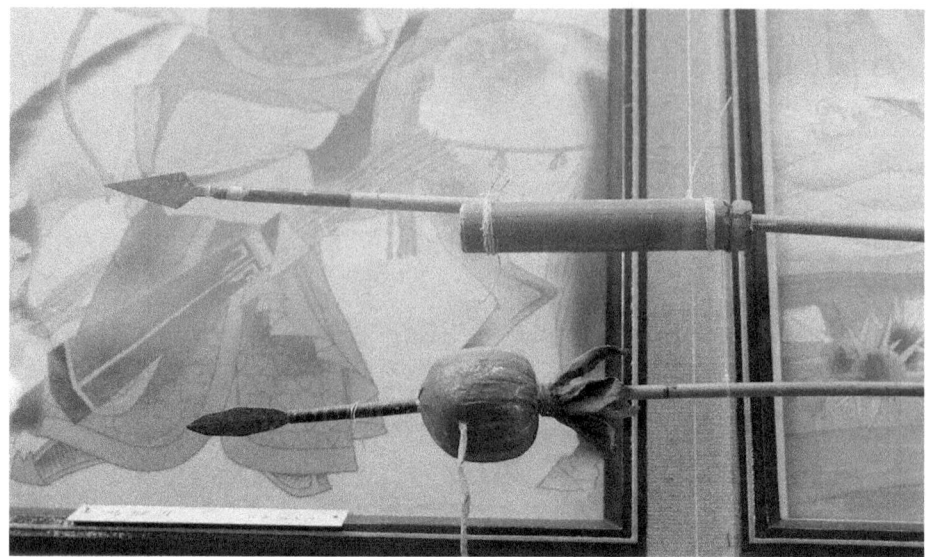

Imagen 70

Respuesta: _____

4. Nombre a la persona que inventó las carretillas.

Imagen 71

Respuesta: _____

5. Nombre al famoso arquitecto cuya esposa inventó el paraguas.

Imagen 72

Respuesta: _____

Reflexiones creativas

1. La brújula se inventó en la antigua China. ¿Cómo podría modificarla con la tecnología moderna para mejorar su funcionalidad?

_____

_____

_____

2. El paraguas se inventó en la antigua China. ¿Qué cambios y mejoras le introduciría?

_____

_____

_____

3. El ajedrez se inventó en la antigua China. ¿Qué cambios y mejoras le introduciría?

_____

_____

_____

4. El papel se inventó en la antigua China. ¿Qué cambios y mejoras le introduciría?

_____

_____

_____

5. La carretilla se inventaron en la antigua China. ¿Cómo podría modificarla con tecnología moderna para mejorar su funcionalidad?

_____

_____

_____

Influencia mundial

1. Discuta el impacto de la fabricación del papel en la difusión global del conocimiento y la educación.

_____

_____

_____

2. Discuta el impacto de la acupuntura china en la medicina.

_____

_____

_____

3. Discuta el impacto de los sismógrafos chinos para ayudar a salvar vidas humanas.

_____

_____

_____

4. Discuta el impacto de la pólvora china y si su invención fue buena o mala.

_____

_____

_____

5. Discuta el impacto de la brújula china para ayudar a los marineros a encontrar el rumbo.

_____

_____

_____

El dilema del inventor

1. Si usted fuera un antiguo alquimista chino e inventara accidentalmente la pólvora, ¿cuál sería el uso que le daría?

_____

_____

_____

2. Si usted fuera el inventor del papel en la antigua China. ¿Lo mantendría en secreto, o lo compartiría con el resto del mundo? Enumere sus razones para elegir esta opción.

_____

_____

_____

3. Si usted inventara el alcohol en la antigua China, ¿para qué lo utilizaría?

_____

_____

_____

4. Si usted inventara el papel moneda, ¿cómo querría que la gente lo utilizara?

_____

_____

_____

5. Si usted fuera el antiguo inventor chino de los cañones, ¿qué uso les daría?

_____

_____

_____

Cronología tecnológica

1. Coloque los siguientes inventos chinos en orden cronológico: brújula, papel, pólvora e imprenta.

   _____

   _____

   _____

2. Coloque los siguientes inventos chinos en orden cronológico: paraguas, carretillas, alcohol y relojes mecánicos.

   _____

   _____

   _____

3. Coloque los siguientes inventos chinos en orden cronológico: té, seda, acupuntura y porcelana.

   _____

   _____

   _____

4. Coloque los siguientes inventos chinos en orden cronológico: sismógrafos, cohetes, bronce y cometas.

   _____

   _____

   _____

5. Coloque los siguientes inventos chinos en orden cronológico: papel moneda, cepillos de dientes, cañones y fuegos artificiales.

   _____

   _____

   _____

Análisis de la innovación

1. Analice cómo afectó la invención de la seda a la economía de la antigua China y a sus interacciones con otras civilizaciones.

   _____

   _____

   _____

2. Analice cómo afectó la invención del papel moneda al comercio en la antigua China.

   _____

   _____

   _____

3. Analice cómo afectó la invención de la pólvora a la guerra contra los mongoles.

   _____

   _____

   _____

4. Analice cómo la invención del papel ayudó a los antiguos chinos a luchar contra el analfabetismo.

   _____

   _____

   _____

5. Analice el impacto de la invención de la porcelana en Europa.

   _____

   _____

   _____

Respuestas

Verdadero o falso

1. **Verdadero** *(Los antiguos chinos solían escribir sus libros en madera o bambú. Sin embargo, estos eran principalmente borradores. Las ediciones finales las escribían sobre seda. Los antiguos chinos escribieron sobre seda desde el siglo VI o VII. Gracias a su tamaño, proporcionaba una gran superficie de escritura, que utilizaban para inscripciones formales, mapas e ilustraciones).*

2. **Verdadero** *(El papel higiénico se inventó en el 851 d. C., durante la dinastía Han. Se fabricaba con corteza de árbol y seda. Sin embargo, solo los emperadores y sus familias podían utilizarlo).*

3. **Falso** *(Un monje budista llamado Yi Xing inventó el reloj astronómico en el año 725 d. C. Siglos más tarde, un inventor de la dinastía Song, llamado Su Song, creó un reloj más avanzado, llamado Imperio Cósmico. Esto fue años antes de que se inventara el reloj mecánico en Europa).*

4. **Verdadero** *(La caligrafía se inventó durante la dinastía Shang, pero se popularizó durante la dinastía Han entre las mujeres de la corte y los hombres cultos. Se convirtió en una de las formas de arte más significativas de la antigua China.*

5. **Falso** *(La antigua China fue una de las civilizaciones más inventivas del mundo. No solo inventaron el papel y la pólvora, que revolucionaron el mundo, sino que también hicieron muchas contribuciones a la agricultura, la astronomía y la navegación, y el mundo moderno estará siempre en deuda con esta cultura).*

Opción múltiple

1. **D. Piedra de imán** *(Los antiguos chinos utilizaban la piedra de imán, que por sus propiedades se alineaba con el campo magnético de la Tierra).*

2. **A. Leizu** *(Según la antigua leyenda china, la emperatriz Leizu, esposa del emperador Amarillo, inventó la seda en el periodo entre el año 2696 y el 2700 a. C. Un día, la joven emperatriz estaba tomando el té en su jardín. De repente, un capullo cayó en su taza. Le llamó la atención y lo examinó. Se dio cuenta de que estaba hecho de hilos suaves y largos. Aprendió a combinar las fibras de seda y a convertirlas en tejidos suaves. Se cree que*

también inventó el telar de seda. La emperatriz llegó a ser conocida como la diosa de la seda).

3. **D. Todas las anteriores** *(Antes de la invención del papel, los antiguos chinos escribían en caparazones de tortuga, huesos de animales y bambú).*

4. **B. Impresión con tipos móviles** *(Antes de la invención de las máquinas de escribir y las impresoras, se escribían a mano varias copias de un libro. Esto llevaba tiempo y esfuerzo, y se cometían muchos errores. Sin embargo, las cosas cambiaron durante la dinastía Song, cuando un hombre llamado Bi Sheng inventó la imprenta de tipos móviles).*

5. **C. La pólvora** *(La pólvora es uno de los inventos más famosos de la antigua China. Curiosamente, su descubrimiento fue un accidente. Según las leyendas, los alquimistas habían estado buscando una poción para la inmortalidad. Mezclaron salitre, carbón vegetal y azufre, con la esperanza de encontrar el secreto de la inmortalidad, pero en su lugar descubrieron la pólvora).*

Rellene los espacios

1. **El sismógrafo** *(El inventor Zhang Heng inventó el sismógrafo, durante la dinastía Han, para determinar la dirección de los terremotos. Nadie creía que este instrumento pudiera funcionar. Sin embargo, en el año 138 d. C., el sismógrafo se utilizó para detectar un terremoto en Longxi. Una vez que la noticia se extendió por todo el país, todos quedaron impresionados con el invento de Zhang).*

2. **La acupuntura** *(La acupuntura es una técnica que consiste en insertar agujas en el cuerpo de una persona para aliviar el dolor y tratar diferentes enfermedades. Era muy popular en la antigua China para prevenir, diagnosticar y tratar enfermedades).*

3. **El alcohol** *(El alcohol, especialmente la cerveza, era popular en la antigua China, e incluso se mencionaba en huesos de oráculo de la dinastía Song. Se utilizaba como ofrenda para los antepasados).*

4. **La sembradora** *(La sembradora se utilizaba para plantar semillas en la tierra. Antes de su invención, los agricultores plantaban las semillas manualmente, lo que provocaba que las plantas crecieran de forma desigual. Este aparato tuvo un gran impacto en la agricultura y facilitó enormemente el trabajo de los campesinos).*

---

5. Cometas *(La antigua China fue una de las primeras culturas en estudiar astronomía y observar el cielo nocturno. Elaboraron uno de los mapas estelares más antiguos de la historia. Los antiguos chinos llamaban a los cometas «estrellas escoba» durante la dinastía Han. Creían que eran escobas celestiales que los dioses utilizaban para barrer el mal del cielo).*

Respuestas cortas

1. Escribir mensajes *(Los filósofos Lu Ban y Mozi inventaron la cometa, que se convirtió en un importante instrumento militar. Era similar a los drones y se utilizaba para enviar pólvora y mensajes, además de medir distancias).*

2. Encontrar direcciones *(Los antiguos chinos utilizaban la brújula en la adivinación, los rituales y el culto a sus dioses. Más tarde, los marineros empezaron a utilizarla en la navegación, para encontrar el rumbo, en el siglo XI o XII).*

3. Impresión de libros *(La impresión xilográfica ayudó a difundir información, noticias y textos religiosos. También facilitó y abarató la impresión de libros, ya que se podían publicar varios ejemplares en poco tiempo).*

4. Circulación sanguínea *(Huangdi neijing es un libro de medicina tradicional china que se escribió hace más de 2000 años. El libro describe la circulación sanguínea como un flujo continuo que nunca se detiene, como un círculo sin principio ni fin).*

5. Su papel en el eclipse solar *(Shi Shen fue un antiguo astrónomo chino que descubrió el papel de la luna en el sistema solar y que su luz procede del reflejo del sol).*

Identifique las imágenes

1. El ajedrez *(El estratega militar y político Han Xin inventó el xiangqi o ajedrez chino. Durante una de las guerras, los soldados estaban cansados y añoraban su hogar. Para levantar la moral de sus hombres, Han inventó el Xiangqi).*

2. Sismógrafo *(El aparato parece una urna y está rodeado por ocho cabezas de dragón de metal que apuntan en distintas direcciones, cada uno con una bola de cobre en la boca. Debajo de los dragones hay ocho sapos de cobre con la boca abierta. Este dispositivo es sensible a las vibraciones. Durante un terremoto, el dragón de cuya dirección provenía el seísmo abría la boca y dejaba* *caer su bola en el sapo ubicado debajo).*

3. **Flechas con pólvora** *(Antes de que la pólvora se utilizara para fabricar armas, los antiguos chinos la empleaban para fabricar fuegos artificiales y bengalas).*

4. **Zhuge Liang** *(Fue general durante la dinastía Han e inventó la carretilla de una rueda siglos antes que los europeos. Su invento estaba destinado a ayudar al ejército con el transporte. Al igual que otros inventos, los chinos mantuvieron en secreto la carretilla, porque les daba ventaja sobre sus enemigos en la batalla).*

5. **Lu Ban** *(Según una antigua leyenda china, Lu Ban inventó el paraguas, a finales del periodo de Primavera y Otoño. Estaba hecho de seda y solo lo utilizaban los nobles y los reyes).*

Influencia mundial

1. No es exagerado decir que la invención del papel cambió el mundo. Facilita el mantenimiento de registros y ayuda a mejorar la educación, por hacer que escribir y publicar libros sea más fácil. El papel también mejoró la comunicación, ya que se utilizaba para enviar cartas. Además, ayuda a difundir las ideas y la literatura, y contribuye al avance tecnológico y cultural. También se utiliza para crear mapas militares y papel moneda.

2. Aunque la acupuntura se inventó hace siglos, sigue siendo popular y una parte importante de la medicina alternativa. Se utiliza para reducir las molestias asociadas a diversas afecciones como problemas respiratorios, dolores de cuello, lumbalgia, dolores de cabeza, fibromialgia, dolor dental y quimioterapias.

3. La sismología fue un gran descubrimiento que salvó la vida de miles de personas. El aparato permitió al gobierno vigilar los terremotos y sus direcciones para poder enviar ayuda a tiempo.

4. La pólvora tuvo un enorme impacto en el mundo. Sin embargo, como cualquier invento, tiene sus ventajas y sus inconvenientes. Ayudó a desarrollar minas, bombas, cañones y cohetes, lo que dio a los antiguos chinos una enorme ventaja durante las batallas. Sin embargo, muchos creen que este invento causó la muerte de millones de personas en todo el mundo a lo largo de los años. Otros sostienen que dio a los países la posibilidad de protegerse de las invasiones.

5. Antes de la brújula, los marineros confiaban en la posición de las estrellas y el sol para encontrar la dirección. Sin embargo, la invención de la antigua brújula china hizo que la navegación fuera mucho más fácil y precisa. También allanó el camino para dispositivos más avanzados y precisos, que tuvieron un enorme impacto en la exploración y la navegación.

Cronología tecnológica

1. Papel (105 d. C.), imprenta (960-1279 d. C.), pólvora (1000 d. C.), brújula (1100 d. C.).

2. Alcohol (2000 a. C.-1600 a. C.), paraguas (siglo I a. C.), carretilla (100 d. C.) reloj mecánico (725 d. C.).

3. Seda (3000-4000 a. C.), té (2737 a. C.), acupuntura (2500 a. C.) y porcelana (581 - 618 d. C.).

4. Bronce (1700 a. C.), cometa (475 a. C. y 221 a. C.), sismógrafo (132 d. C.) cohete (228 d. C.).

5. Fuegos artificiales (200 a. C.), papel moneda (siglo IX), cañones (siglos XII-XIII) cepillos de dientes (1498 d. C.).

Análisis de la innovación

1. Muchos pequeños agricultores dependían de la seda para obtener sus ingresos. Con el avance de las técnicas de tejido, la popularidad de la seda china aumentó y se convirtió en uno de los productos más deseados del mundo antiguo, y en la mayor exportación del país, lo que contribuyó al crecimiento económico. La seda llegó a ser tan importante, que dio nombre a la popular ruta comercial «Ruta de la Seda», que sacó a la antigua China de su aislamiento, facilitó el intercambio cultural y acercó al país a otras civilizaciones antiguas.

2. La invención del papel moneda facilitó mucho el comercio, ya que permitió a los mercaderes recorrer largas distancias sin cargar monedas, que dificultaban el viaje. Los mercaderes persas y europeos descubrieron el papel moneda en la Ruta de la Seda y lo difundieron por sus países. Marco Polo conoció el papel moneda mientras trabajaba para Khubilai Khan, durante la dinastía Yuan. Llevó este invento a Occidente y explicó cómo se utilizaba.

3. La pólvora cambió la forma en que se libraban las guerras en todo el mundo durante la Edad Media. Los gobernantes de la dinastía Song reconocieron su poder y la utilizaron en las batallas contra

los mongoles. Los mongoles fueron los primeros en enfrentarse a armas avanzadas fabricadas con pólvora, como las flechas de fuego. Los historiadores creen que la nueva tecnología tuvo un gran impacto en ambos bandos, ya que dio confianza a los antiguos chinos y quebró la moral de los mongoles, lo que condujo a la victoria de China.

4. El papel y la imprenta proporcionaron una forma más barata y rápida de escribir y publicar libros. Estos inventos permitieron la difusión de muchas obras literarias e hicieron que los libros fueran baratos y estuvieran al alcance de todos, lo que contribuyó a luchar contra el analfabetismo y a aumentar las oportunidades de educación. Cuando el conocimiento de la fabricación del papel se extendió por todo el mundo, permitió el intercambio de cultura e ideas intelectuales. El papel se utilizó para preservar el conocimiento científico, la literatura y los textos históricos.

5. Europa importó más de setenta millones de piezas de porcelana de Asia. Occidente quedó maravillado por su belleza y profundidad, y comenzó a copiarla y a fabricar sus propias piezas. Muchos artesanos europeos tomaron prestados temas de la porcelana de la antigua China.

Capítulo 9: Vías espirituales: budismo, taoísmo y confucianismo

La antigua China era famosa por sus escuelas filosóficas, que tuvieron un enorme impacto en la cultura y la sociedad del país. En este capítulo, se recorre un camino espiritual con preguntas creativas y actividades sobre el budismo, el taoísmo y el confucianismo.

Verdadero o falso

1. Confucio valoraba la educación y el conocimiento.

    - Verdadero
    - Falso

2. Confucio estaba en contra del culto a los antepasados.

    - Verdadero
    - Falso

3. Confucio escribió todas sus enseñanzas en un solo libro.

    - Verdadero
    - Falso

4. El taoísmo se centra en el carácter de la persona y el confucianismo en la sociedad.

    - Verdadero
    - Falso

5. El taoísmo cree que las personas son malas.

- Verdadero
- Falso

Opción múltiple

1. ¿Qué filosofía coincide con estas afirmaciones: «Seguir la corriente» y «No hacer nada»?

    A. Legalismo

    B. Confucianismo

    C. Budismo

    D. Taoísmo

2. ¿Qué filosofía coincide con esta afirmación: «Los seres humanos son esencialmente malos e intrínsecamente egoístas»?

    A. Legalismo

    B. Confucianismo

    C. Budismo

    D. Taoísmo

3. ¿Cuál creía Confucio que debía ser el papel de un buen gobernante?

    A. Controlar a su pueblo

    B. Educar a su pueblo

    C. Expandir su reino

    D. Castigar a su pueblo

4. ¿Qué escuela filosófica describe el gobierno como una familia?

    A. Legalismo

    B. Confucianismo

    C. Budismo

    D. Taoísmo

5. ¿Qué filosofía está de acuerdo con esta afirmación «Lo que va, vuelve»?

    A. Legalismo

    B. Confucianismo

    C. Budismo

    D. Taoísmo

Rellene los espacios

1. _____ es una filosofía que enseña a la gente a respetar a sus mayores.

2. El _____ es una filosofía que valora la sencillez.

3. Los taoístas no creen en las _____.

4. El budismo comenzó en _____.

5. Buda llamó a sus enseñanzas _____.

Respuestas cortas

1. ¿Quién fue el mayor filósofo de China?

_____

_____

_____

2. ¿Qué escuela filosófica era la favorita de muchos emperadores chinos?

_____

_____

_____

3. ¿Qué es un buen gobernante según el taoísmo?

_____

_____

_____

4. ¿Cuál es la religión extranjera más antigua de la antigua China?

_____

_____

_____

5. ¿Cuál es una de las principales creencias del budismo?

_____

_____

_____

Identifique las imágenes

1. Identifique este cuadro y a qué filosofía se asocia.

Imagen 73

Respuesta: _____

2. ¿Qué hace esta persona y con qué filosofía está asociada?

Imagen 74

Respuesta: _____

3. ¿A qué escuela espiritual pertenece este templo?

Imagen 75

Respuesta: _____

4. ¿A quién pertenece esta estatua?

Imagen 76

Respuesta: _____

5. ¿Cómo se llama este libro?

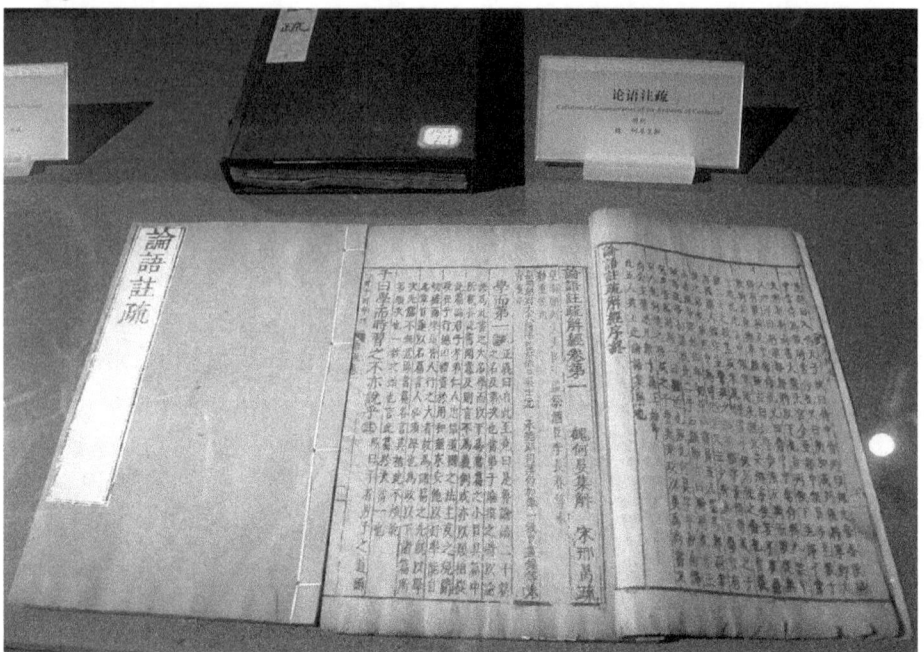

Imagen 77

Respuesta: _____

Aplicación moderna

1. ¿Cómo se guiaría por los principios confucianos para resolver un conflicto con un amigo?

_____

_____

_____

2. ¿Cómo le ayudarían los principios taoístas a perdonar a alguien que hirió sus sentimientos?

_____

_____

_____

3. ¿Cómo le ayudarían los principios budistas a sentirse mejor tras recibir una mala noticia?

_____

_____

_____

4. ¿Cómo aplicaría los principios confucianos a su familia?

_____

_____

_____

5. ¿Cómo aplicaría los principios budistas para ayudar a los demás?

_____

_____

_____

Debate filosófico

1. Compare y contraste los puntos de vista del taoísmo y el budismo sobre el concepto de «equilibrio de la naturaleza».

   _____

   _____

   _____

2. Compare y contraste los puntos de vista del taoísmo y el confucianismo sobre el concepto de «ser una buena o una mala persona».

   _____

   _____

   _____

3. Compare y contraste los puntos de vista del taoísmo y el budismo sobre el concepto de «vivir una vida sencilla».

   _____

   _____

   _____

4. Compare y contraste los puntos de vista del confucianismo y del budismo sobre el concepto de «codicia».

   _____

   _____

   _____

5. Compare y contraste los puntos de vista del budismo y el taoísmo sobre el concepto de «vivir una vida feliz».

   _____

   _____

   _____

Análisis del sistema de creencias

1. ¿Qué aspectos de la filosofía taoísta pueden observarse en la medicina y las prácticas tradicionales chinas?

   _____

   _____

   _____

2. ¿Qué aspectos de la filosofía del confucianismo pueden observarse en el estudio de la ética?

   _____

   _____

   _____

3. ¿Cómo puede utilizarse el budismo para la autorreflexión?

   _____

   _____

   _____

4. ¿Qué aspectos de la filosofía del confucianismo pueden mejorar la sociedad?

   _____

   _____

   _____

5. ¿Qué aspectos de la filosofía budista pueden verse en la psicología moderna?

   _____

   _____

   _____

Dilema ético

1. Utilizando las enseñanzas budistas, ¿cómo abordaría una cuestión social moderna, como la conservación del medio ambiente?

_____

_____

_____

2. Utilizando las enseñanzas taoístas, ¿cómo abordaría un tema moderno, como la salud mental?

_____

_____

_____

3. Utilizando las enseñanzas de Confucio, ¿cómo cree que se deben gobernar los países?

_____

_____

_____

4. Utilizando las enseñanzas budistas, ¿cómo abordaría un tema como la paz mundial?

_____

_____

_____

5. Utilizando las enseñanzas budistas, ¿cómo abordaría un tema como la obsesión por el materialismo?

_____

_____

_____

Impacto cultural

1. Discuta la influencia del confucianismo en los antiguos sistemas de gobierno y educación chinos.

   _____

   _____

   _____

2. Discuta cómo el confucianismo contradecía las creencias del legalismo en la antigua China.

   _____

   _____

   _____

3. Discuta el impacto del budismo en el comercio de la antigua China.

   _____

   _____

   _____

4. Discuta el impacto del Taoísmo en la ciencia china antigua.

   _____

   _____

   _____

5. Discuta la influencia del confucianismo en el arte chino antiguo.

   _____

   _____

   _____

Respuestas

Verdadero o falso

1. **Verdadero** *(Confucio habló de la importancia de la educación en muchas ocasiones. Creía que podía aportar armonía social y superación personal. Para él, la educación era algo más que aprender y adquirir conocimientos; también consistía en mejorar la moral y la ética. Confucio respetaba mucho a los maestros por su importancia en la educación de las mentes jóvenes).*

2. **Falso** *(Confucio creía que el culto a los antepasados traía armonía a la vida. Basaba esta creencia en la piedad filial, que enseña a los jóvenes a respetar a sus antepasados, padres y ancianos).*

3. **Falso** *(Las enseñanzas de Confucio se encuentran en nueve libros titulados* Los cuatro libros y los cinco clásicos, *que son la base del confucianismo. Eran la base de los exámenes civiles que se realizaban en la antigua China. Muchos historiadores creen que los alumnos de Confucio escribieron los libros sobre el confucianismo y que él nunca puso por escrito ninguna de sus enseñanzas. Confucio no creía que sus ideas fueran originales o nuevas, y solo transmitía la antigua filosofía china).*

4. **Verdadero** *(Las enseñanzas del taoísmo se centran en el individuo y animan a cada persona a llevar una vida sencilla, en armonía con la naturaleza. El confucianismo guía a las sociedades a restablecer el orden, adoptando virtudes como el respeto, la confianza y la lealtad. Sin embargo, los taoístas creían que las reglas de la naturaleza eran más importantes que las de las personas. No estaban de acuerdo con las enseñanzas de Confucio, que destacaban la importancia de una sociedad civilizada y la consideraban antinatural).*

5. **Falso** *(Los taoístas creían que las personas no eran malas, pero sus acciones y comportamientos podían ser perjudiciales. Sin embargo, con la orientación y las enseñanzas adecuadas, podían aprender a ser y actuar mejor).*

Opción múltiple

1. **D. Taoísmo** *(Seguir la corriente es uno de los principios fundamentales del taoísmo. Anima a estar en armonía con cualquier situación o acontecimiento, en lugar de resistirse o*

pensar demasiado. Cuando las cosas no salen según lo planeado, las personas deben dejarse llevar por la corriente y cambiar de rumbo, en lugar de entristecerse o enfadarse).

2. **A. Legalismo** *(Según el legalismo, las personas son malas y egoístas. No son capaces de hacer buenas obras ni sacrificios, a menos que se les obligue a ello. Una persona puede incluso matar a otra si eso le beneficia).*

3. **B. Educar a su pueblo** *(Confucio creía que los buenos gobernantes debían educar a su pueblo enseñándole meditación. La gente debería meditar cuando se enfrenta a un problema, en lugar de seguir reglas que dictan lo que está bien y lo que no. También creía que los emperadores debían predicar con el ejemplo. Un gobernante ideal debía tener ciertas virtudes, como la honestidad y la sabiduría, y la población debía seguir sus pasos).*

4. **B. El confucianismo** *(Confucio creía que la relación entre los miembros de la familia debía ser un símbolo del funcionamiento del Estado y la sociedad. Por ejemplo, el emperador era similar al padre, que amaba y protegía a su familia. El pueblo eran sus hijos, que le respetaban y le admiraban).*

5. **C. Budismo** *(Los budistas creen en el karma, o lo que va, vuelve. Todo lo que haga alguien, bueno o malo, tendrá consecuencias. Si hace obras de caridad, le ocurrirán cosas buenas. Si roba, le ocurrirán cosas malas. En otras palabras, las buenas acciones se recompensan y las malas se castigan).*

Rellene los espacios

1. **El confucianismo** *(Confucio creía que una persona solo podía adquirir conocimientos y éxito cuando pedía consejo a los ancianos y seguía sus enseñanzas).*

2. **Taoísmo** *(La sencillez consiste en ser real, natural y fiel a sí mismo. Refleja las creencias del taoísmo, que son sin esfuerzo, espontáneas y equilibradas. Llevar una vida sencilla ayuda a evitar distracciones y complicaciones que pueden afectar a su relación y armonía con la naturaleza).*

3. **Leyes estrictas** *(las creencias taoístas están en contra de las leyes estrictas. Los taoístas creen que la naturaleza lo controla todo, lo que hace innecesarias las normas y las leyes).*

4. India *(El budismo se originó en la India a finales del siglo VI, y luego se extendió a China y al resto del mundo).*

5. **Dharmas** *(Las enseñanzas y creencias del budismo explican la naturaleza del universo. La palabra* dharma *se traduce como «sostener o apoyar» porque sostiene a los budistas, al budismo y al orden natural del universo. Los budistas deben seguir las enseñanzas del* dharma*).*

Respuestas cortas

1. **Confucio** *(Confucio fue el mayor filósofo y primer maestro de China. Hablaba de la importancia de la educación y quiso ponerla al alcance de todos. También desempeñó un gran papel a la hora de conseguir personas cualificadas para trabajar como maestros. Confucio también estableció normas morales, sociales y éticas, que se convirtieron en la base del confucianismo).*

2. **El confucianismo** *(Muchos emperadores chinos preferían el confucianismo, por sus principios que llaman a respetar a los ancianos y a crear relaciones armoniosas entre los individuos).*

3. **Un apoyo** *(Los gobernantes ideales del taoísmo deben seguir el principio de «dejarse llevar» y dejar que cualquier situación siga su curso. Solo deben interferir cuando sea necesario. Deben mantener el país seguro, pacífico y próspero, pero nunca deben hablar de sus logros ni alardear de ellos).*

4. **El budismo** *(En los primeros tiempos, solo los mercaderes y monjes extranjeros practicaban el budismo, hasta que se extendió por China y se convirtió en la religión principal).*

5. **Samsara** *(Los budistas creen que la vida es un ciclo de nacimiento, muerte y renacimiento. Después de que una persona muere, renace como dios, semidiós, humano, animal, fantasma o criatura infernal. Este renacimiento depende del karma. Si sus acciones, pensamientos e intenciones fueron buenos, tendrá un buen renacimiento, y viceversa).*

Identifique las imágenes

1. **Yin Yang/Taoísmo** *(Es una antigua filosofía que explica cómo el universo está regido por fuerzas opuestas, como la oscuridad y la luz, lo femenino y lo masculino, y el bien y el mal).*

2. **Medita/Budismo** *(La meditación es una parte importante del budismo, ya que aporta una sensación de calma, equilibrio y paz,*

que puede ayudar a alcanzar la iluminación. La iluminación es una experiencia que despierta la mente y la libera del odio, la codicia y el sufrimiento).

3. **Templo de Confucio** *(La leyenda dice, que cuando la madre de Confucio estaba embarazada de él, una criatura mítica llamada Qilin la visitó y le reveló que su hijo no nacido tendría un gran futuro).*

4. **Buda** *(La palabra «Buda» significa «el iluminado»).*

5. *Las analectas,* **de Confucio** *(Es un libro sobre la vida y las enseñanzas de Confucio).*

Debate filosófico

1. El taoísmo explica que la naturaleza está equilibrada y que las personas deben comprenderla y respetarla. Los taoístas viven según el Tao, o la vía, con el flujo de la naturaleza. Creen que la vida humana es una pequeña parte del mundo natural, por lo que solo tiene sentido si se vive en armonía con él y se respeta su ciclo. El budismo anima a sus seguidores a llevar una vida sencilla y pacífica. Deben mantener una estrecha relación con la naturaleza, basada en la interacción y el respeto mutuos. La vida interior y el bienestar de una persona están vinculados con el medio ambiente. Si una persona cuida de él, él cuidará de ella.

2. Confucio creía que todas las personas nacen buenas. Sin embargo, pueden alejarse de su moral y su ética y cometer errores. Los taoístas creen que los humanos no son buenos ni malos, pero pueden comportarse bien o mal. Confucio subrayaba la importancia de tener moral y un buen carácter. Ser una persona decente no solo afecta a quien lo es, sino al mundo entero. El taoísmo también anima a sus seguidores a comportarse amablemente con los demás y a mantenerse alejados de malas conductas, como mentir y robar.

3. La sencillez es uno de los principios fundamentales del taoísmo, que anima a sus seguidores a llevar una vida que refleje la sencillez de la naturaleza. El budismo enseña a sus seguidores que el sufrimiento reside en el deseo material y en apegarse a las cosas temporales. Cuando se abraza la sencillez, se puede de vivir el presente.

4. El confucianismo advierte a la gente contra la codicia, la ostentación y el materialismo. Las personas codiciosas y egoístas pueden desequilibrar el universo y no podrán vivir en armonía consigo mismas ni con la naturaleza. Los budistas creen que las personas codiciosas sienten que no tienen suficiente, y siempre quieren más. Sin embargo, pueden deshacerse de este sentimiento practicando la generosidad y compartiendo lo que tienen con los demás.

5. Confucio creía que la verdadera felicidad reside en el placer ético. Una persona no necesita satisfacer todos sus deseos para ser feliz. Solo necesita tener ética y virtudes perfectas, que incluyen una gran moral y ser una buena persona. Los budistas creen que la paz mental y mantenerse alejado de los deseos materiales puede traer una vida de felicidad.

Análisis del sistema de creencias

1. *Tai chi* y *qi gong* (ejercicios de movimiento chinos), terapia dietética, masaje *tui na*, fitoterapia china, ventosas, masaje de acupresión y acupuntura.

2. Confucio creía que se puede tener ética viviendo una vida honesta y teniendo una buena relación con las otras personas. Cuando alguien tiene buena moral y trata a los demás con amabilidad, sostiene relaciones felices y sanas, lo que crea una sociedad armoniosa.

3. La autorreflexión es una técnica eficaz, que ayuda a las personas a comprenderse mejor a sí mismas y a vivir una vida equilibrada. La meditación es uno de los principales aspectos del budismo, ya que ayuda a despejar la mente para mirar en el interior y conocer la verdad sobre sí mismo.

4. Confucio creía que el orden podía restablecerse en las sociedades si los individuos adoptaban ciertas virtudes, como el respeto a los mayores, la honradez y la lealtad.

5. Muchas ideas budistas son relevantes en la psicología moderna, como la atención plena, la paz, la compasión, la bondad y el amor, ya que pueden mejorar la salud mental y el bienestar de las personas.

Impacto cultural

1. Imperios antiguos, como la dinastía Han, adoptaron el confucianismo porque permitía al gobierno mantener el orden social y ayudaba a difundir valores morales, como el culto a los antepasados y el respeto a los ancianos, que influyeron enormemente en la antigua sociedad china. El impacto del filósofo era evidente en los exámenes de la función pública, que exigían el conocimiento de sus enseñanzas. Confucio también influyó en la educación, al afirmar que todas las personas tenían derecho a aprender, independientemente de su clase social.

2. Según el legalismo, las personas nacen malvadas, egoístas y capaces de cometer crímenes terribles. Necesitan leyes estrictas que les castiguen por su mal comportamiento y que les recompensen por hacer lo correcto. El confucianismo contradice estas ideas, sosteniendo que las personas son intrínsecamente buenas, aunque pueden comportarse mal en ocasiones. Sin embargo, siempre pueden mejorar y aprender mediante la educación y la adopción de virtudes como el respeto y la confianza.

3. Los budistas construyeron templos y monasterios a lo largo de la Ruta de la Seda. A menudo compraban aceites de incienso, ropa y otros bienes a los mercaderes, lo que contribuyó a mejorar el comercio y la economía.

4. Los taoístas llevaron a cabo diversos experimentos para comprobar el impacto de la medicina en los seres humanos y los animales. Utilizaron estos conocimientos para prolongar la vida humana. Su interés por la inmortalidad los llevó a conocer la alquimia. El alquimista taoísta Wei Boyang escribió uno de los primeros libros sobre alquimia durante la dinastía Han. El taoísta Ge Hong escribió otro libro sobre el tema durante la dinastía Jin. Los químicos y alquimistas actuales deben gran parte de sus conocimientos a los antiguos taoístas chinos.

5. Confucio creía que el arte, la música y la poesía eran necesarios para el desarrollo intelectual y moral de la población. Muchos pintores de la antigua China utilizaban el arte para enseñar lecciones morales.

Capítulo 10: La Ruta de la Seda: encrucijada de cultura y comercio

El comercio era una parte importante de la antigua China. No solo mejoró la economía del país, sino que también introdujo los productos chinos en el mundo y fortaleció la relación con otros países. La Ruta de la Seda desempeñó un papel fundamental en el comercio y en la conexión de China con Europa. También se convirtió en una encrucijada cultural entre las dos regiones. Este capítulo aborda cuestiones divertidas y apasionantes sobre el comercio y la Ruta de la Seda.

Verdadero o falso

1. Los mercaderes recorren toda la distancia de la Ruta de la Seda.

   - Verdadero
   - Falso

2. Los romanos nunca habían oído hablar de la seda hasta que descubrieron la Ruta de la Seda.

   - Verdadero
   - Falso

3. La Ruta de la Seda conectaba China con la India.

   - Verdadero
   - Falso

4. Los chinos eran los únicos que sabían fabricar seda.

- • Verdadero
- • Falso

5. La Ruta de la Seda conectó cuatro de los imperios más poderosos entre el siglo I y III.

- • Verdadero
- • Falso

Opción múltiple

1. ¿Cómo viajaban los mercaderes por la Ruta de la Seda?

    A. Sobre los caballos

    B. En una caravana de camellos

    C. A pie

    D. En burros

2. ¿Qué invento chino protegió la Ruta de la Seda?

    A. Papel

    B. Bronce

    C. La Gran Muralla China

    D. Pólvora

3. ¿Qué famoso explorador fue conocido por recorrer la Ruta de la Seda?

    A. Marco Polo

    B. Cristóbal Colón

    C. Jacques Cousteau

    D. Todas las anteriores

4. ¿Cuáles eran los artículos más comercializados entre Oriente y Occidente?

    A. Caballos y vacas

    B. Leche y queso

    C. Hierro y bronce

    D. Pólvora y papel

5. ¿Qué invento permitió un mayor intercambio de información entre culturas?

    A. Carruajes

    B. Imprenta de tipos móviles

    C. Escribir

    D. Planos

Rellene los espacios

1. Los romanos llamaban a China _____, que significa «Tierra de la Seda».

2. Los _____ propiciaron la apertura del comercio entre China y otros países.

3. _____ acuñó el nombre de «La Ruta de la Seda».

4. La Ruta de la Seda ayudó a crear _____ para muchas personas de diferentes países.

5. La Ruta de la Seda se define como una _____.

Respuestas cortas

1. Además de mercancías, ¿qué otras cosas intercambiaban los chinos con Europa?

   _____

   _____

   _____

2. ¿Por qué era difícil para los mercaderes recorrer toda la Ruta de la Seda?

   _____

   _____

   _____

3. ¿Cómo afectó el cierre de la Ruta de la Seda a la exploración?

   _____

   _____

   _____

4. ¿Cómo fomentó la Ruta de la Seda el intercambio cultural?

   _____

   _____

   _____

5. ¿Cómo se extendió el conocimiento de la seda a otros países?

   _____

   _____

   _____

Identifique las imágenes

1. Nombre esta famosa ruta y el río que hay a su lado.

Imagen 78

Respuesta: _____

2. Nombre a este famoso explorador.

Imagen 79

Respuesta: _____

3. ¿De qué raza de caballo se trata y a qué dinastía pertenece?

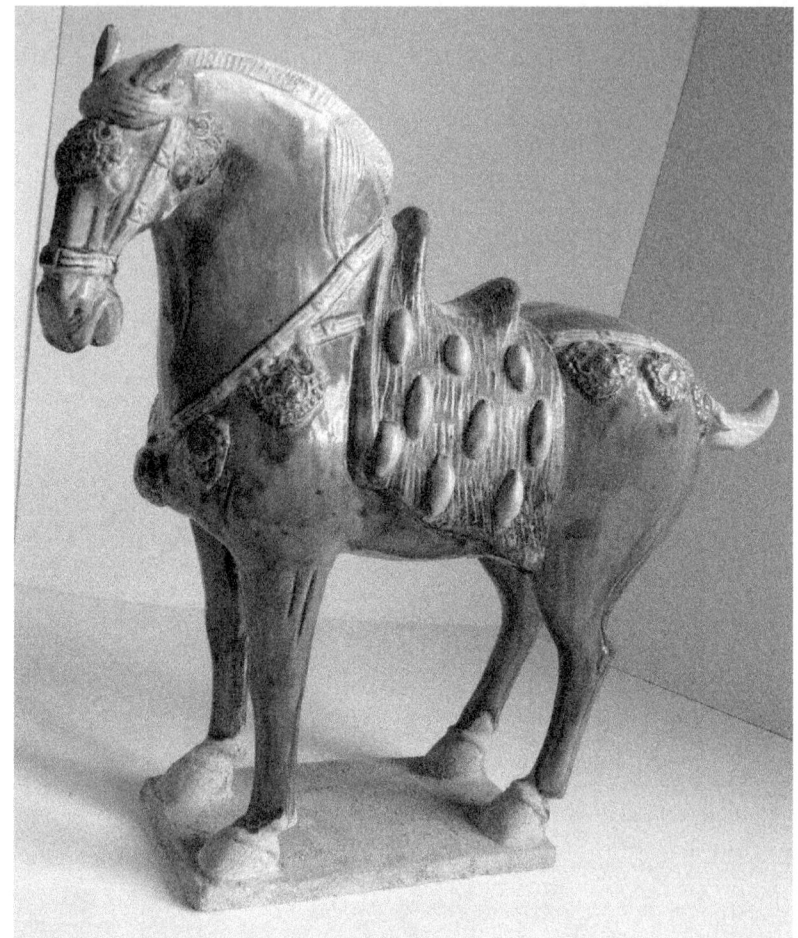

Imagen 80

Respuesta: _____

4. Nombre dos de estas famosas mercancías con las que se comerciaba a menudo a lo largo de la Ruta de la Seda.

Imagen 81

Respuesta: _____

5. Trace la ruta de la Ruta de la Seda e identifique las ciudades clave que fueron fundamentales para su funcionamiento.

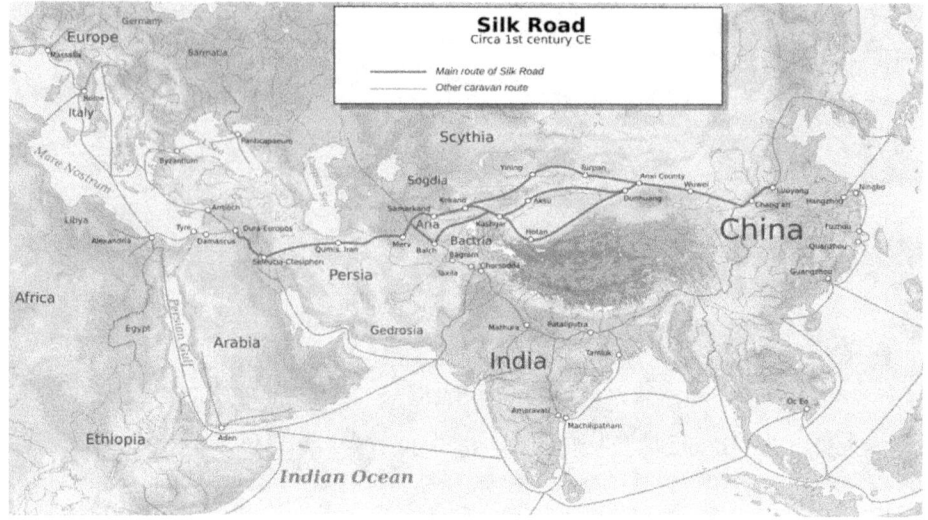

Imagen 82

Respuesta: _____

El dilema del comerciante

1. Si usted fuera un mercader en la Ruta de la Seda, ¿con qué mercancías comerciaría y a qué retos se enfrentaría en sus viajes?

   _____

   _____

   _____

2. Si usted fuera un comerciante de la Ruta de la Seda y se enfrentara a ladrones armados que intentaran robarle su mercancía, ¿cómo afrontaría la situación?

   _____

   _____

   _____

3. Si usted fuera un comerciante europeo, ¿cómo se prepararía para un viaje a China? ¿Qué aprendería sobre la cultura?

   _____

   _____

   _____

4. Si usted fuera un comerciante chino, ¿qué mercancías llevaría a Europa para dar a conocer su cultura?

   _____

   _____

   _____

5. Si usted fuera un mercader de la Ruta de la Seda y se perdiera. ¿Qué haría?

   _____

   _____

   _____

6. Si usted fuera un comerciante de la Ruta de la Seda y algunos de sus hombres enfermaran gravemente, ¿cómo gestionaría la situación?

   _____

   _____

   _____

7. Si usted fuera un mercader en la antigua China y se encontrara con mercaderes europeos que quisieran conocer el secreto de la fabricación del papel o la seda, ¿qué haría para proteger el secreto?

_____

_____

_____

8. Si usted fuera un antiguo comerciante chino y quisiera iniciar un intercambio cultural con Inglaterra, ¿qué libro de filosofía llevaría para difundir sus enseñanzas y por qué?

_____

_____

_____

9. Si usted fuera un antiguo mercader chino que visita otro país por primera vez, ¿qué regalo le llevaría a su gobernante para establecer una relación con él?

_____

_____

_____

10. Imagine que ha tardado más tiempo del pensado en el camino y algunas de sus mercancías empiezan a estropearse. No está seguro de si el resto de su mercancía sobrevivirá al viaje o no. ¿Qué haría?

_____

_____

_____

Actividad de intercambio cultural

Empareje cada artículo con la dinastía que lo introdujo en la Ruta de la Seda.

1. Dinastía Han	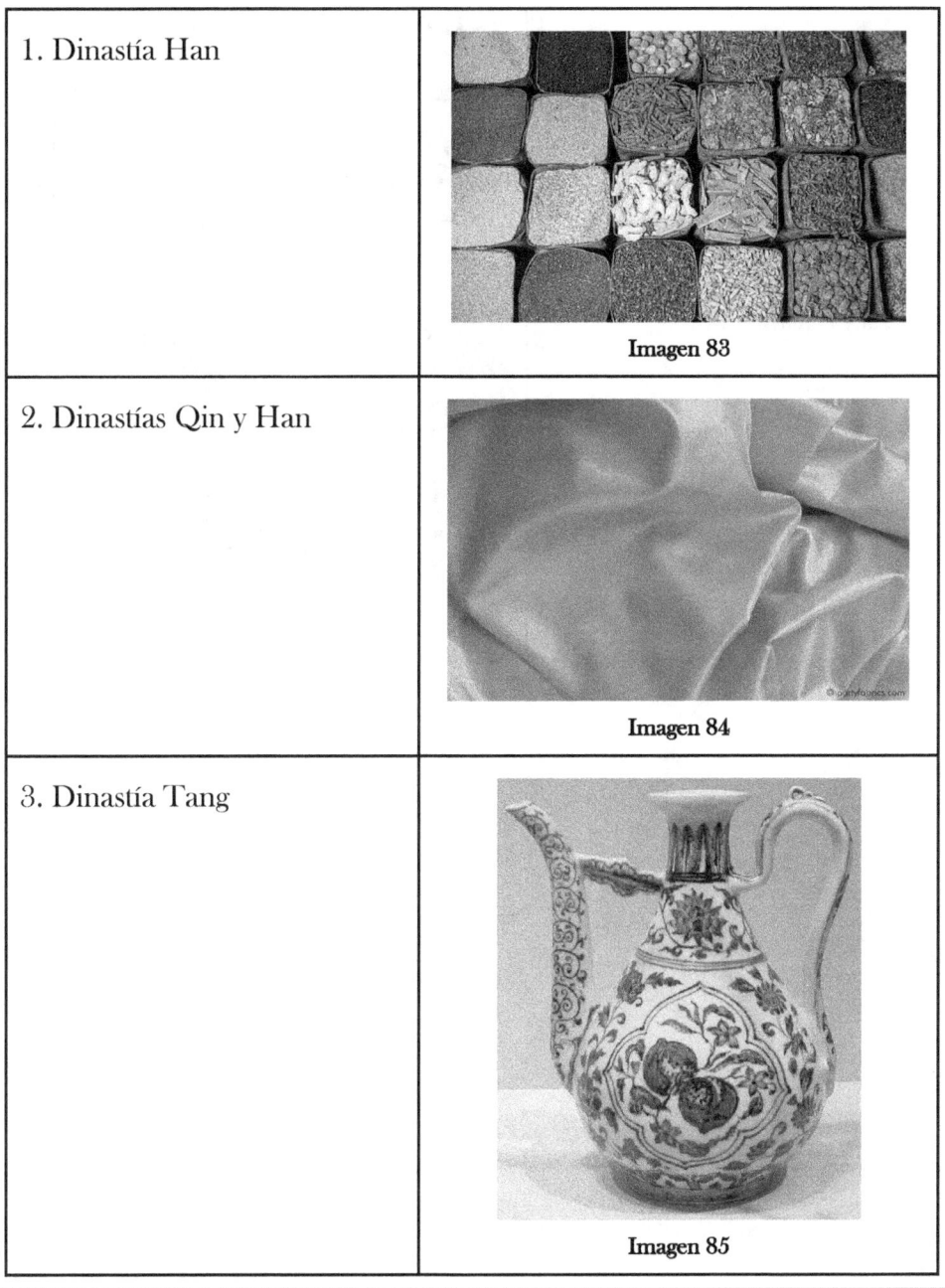 **Imagen 83**
2. Dinastías Qin y Han	**Imagen 84**
3. Dinastía Tang	**Imagen 85**

4. Dinastía Shang	\n\nImagen 86
5. La dinastía Yuan	\n\nImagen 87

Análisis de impacto

1. Discuta cómo la Ruta de la Seda facilitó la difusión del budismo desde la India hasta China.

_____

_____

_____

2. Discuta cómo la Ruta de la Seda facilitó la difusión del taoísmo por Asia.

_____

_____

_____

3. Discuta cómo la Ruta de la Seda facilitó la difusión de la tecnología por todo el mundo.

_____

_____

_____

4. Discuta cómo la Ruta de la Seda facilitó la difusión de la literatura por todo el mundo.

_____

_____

_____

5. Discuta cómo la Ruta de la Seda sacó a China de su aislamiento.

_____

_____

_____

Exploración interactiva

1. Elija un artículo comúnmente comercializado en la Ruta de la Seda y describa su viaje desde el origen hasta el destino, incluyendo las culturas por las que pasó.

   _____

   _____

   _____

2. Imagine que es un monje budista. Describa su viaje de la India a China y sus interacciones con personas de diferentes culturas.

   _____

   _____

   _____

3. Imagine que es un antiguo mercader chino que acaba de llegar a Europa. Describa su experiencia y sus interacciones.

   _____

   _____

   _____

4. Imagine que está comerciando en la Ruta de la Seda. Usted y sus hombres hicieron un alto en el camino cerca del río. Se encontraron con otros mercaderes de la India. Hable de sus interacciones y del intercambio cultural.

   _____

   _____

   _____

5. Imagine que es un gobernante europeo y que mercaderes de China acuden a usted con regalos y mercancías. Comente sus interacciones y mencione los bienes que le traen.

   _____

   _____

   _____

Respuestas

Verdadero o falso

1. **Falso** *(Los mercaderes solo recorrían una parte de la Ruta de la Seda y vendían sus mercancías a otros comerciantes de la ruta. Recorrer toda la ruta era un reto, debido a las malas condiciones de los caminos. Además, era muy larga y tenía montañas, llanuras, valles y ríos, lo que hacía que el viaje fuera agotador y peligroso).*

2. **Falso** *(Los romanos conocían la seda gracias al comercio con China y otras civilizaciones antes de descubrir la Ruta de la Seda. La famosa ruta facilitó el comercio entre Oriente y Occidente, pero no introdujo el tejido entre los romanos).*

3. **Verdadero** *(La conexión entre los dos países propició la propagación del budismo de la India a China).*

4. **Verdadero** *(Al igual que el papel, los chinos mantuvieron en secreto sus conocimientos sobre la fabricación de la seda. La seda era uno de los tejidos más valiosos de la época. Era la favorita de reyes y reinas de todo el mundo. Los chinos eran conscientes de su popularidad y se guardaron para sí el secreto del proceso de fabricación. Si alguien intentaba revelarlo, era severamente castigado).*

5. **Verdadero** *(Los kushanos, en Asia Central; la monarquía parta, en Extremo y Medio Oriente; el Imperio romano; y la dinastía Han, en China, comerciaban libre y pacíficamente a lo largo de la Ruta de la Seda).*

Opción múltiple

1. **B. En una caravana de camellos** *(Los mercaderes viajaban juntos en caravanas para protegerse, ya que había ladrones en la Ruta de la Seda. Viajar en grupo les ayudaba a derrotar a los ladrones y los mantenía a salvo hasta llegar a su destino).*

2. **C. La Gran Muralla China** *(La muralla protegía a la población de los nómadas y de los ataques, impedía que los invasores entraran en el país y protegía las rutas comerciales de los ladrones. La antigua China habría conseguido protegerse a sí misma y a la Ruta de la Seda aliándose con los países vecinos para crear un poderoso sistema de defensa que la mantuviera a salvo. Sin embargo, esto no siempre fue posible, lo que convirtió a la Gran Muralla en su*

único sistema de defensa. Aunque la Gran Muralla China es una obra maestra de la arquitectura y una maravilla mundial, tenía defectos. Algunos enemigos de China encontraron puntos débiles que les permitieron invadir el país).

3. **A. Marco Polo** *(Fue el explorador europeo más famoso que utilizó la Ruta de la Seda, que lo llevó a China).*

4. **D. Pólvora y papel** *(La invención del papel demostró al mundo que China era tecnológicamente avanzada. Curiosamente, los arqueólogos descubrieron que la invención de las primeras formas de papel fue accidental. Después de que los antiguos chinos lavaban la ropa hecha de cáñamo, la dejaban secar. La ropa que se dejaba secar demasiado tiempo formaba un residuo que se convertía en un nuevo material (papel) después de prensarla. El papel y la pólvora son dos de los cuatro grandes inventos chinos, además de la imprenta y la brújula).*

5. **B. La imprenta de tipos móviles** *(Este invento hizo que los libros fueran más accesibles y baratos, lo que facilitó la difusión de la cultura china por todo el mundo).*

Rellene los espacios

1. **Serica** *(Los romanos también llamaban a China Sinae, que significa «La tierra de Qin», en referencia a la primera dinastía imperial china).*

2. **Caballos sudadores de sangre** *(También se les llama «caballos de Ferghana». Son pequeños caballos inanimados hechos de arcilla que procedían de Asia Central y eran una de las principales importaciones de la antigua China. Según una antigua leyenda china, estos caballos eran extremadamente poderosos y sudaban sangre, lo que llevó a muchos a creer que eran divinos).*

3. **Ferdinand von Richthofen** *(En 1877, el viajero y geógrafo alemán dio a la red de carreteras entre Asia y Europa el nombre de «Ruta de la Seda», porque la seda se originó en China y era una de sus mercancías más valiosas y populares).*

4. **Empleos** *(La Ruta de la Seda proporcionó muchas oportunidades de empleo en diferentes países. Como el comercio se estaba expandiendo, las empresas empleaban a más gente para fabricar mercancías y los mercaderes contrataban a artesanos para construir caravanas suficientes para transportarlas).*

5. Red de caminos *(A diferencia de lo que sugiere su nombre, la Ruta de la Seda no es una sola ruta ni una carretera. Se describe mejor como una red de rutas. Esta es la razón por la que algunos historiadores prefieren el nombre Rutas de la Seda, en lugar de La Ruta de la Seda, ya que es más preciso).*

Respuestas cortas

1. Ideas *(La Ruta de la Seda puede describirse como un eje cultural, ya que en sus rutas se reunían e interactuaban gentes de todo el mundo, lo que brindaba la oportunidad de intercambiar ideas y cultura).*

2. Malas condiciones meteorológicas *(El calor extremo o el frío glacial hacían imposible que los mercaderes recorrieran toda la Ruta de la Seda).*

3. Inició la Era de los Descubrimientos *(El cierre de la Ruta de la Seda dio comienzo a la Era de las Exploraciones, también conocida como la Era de los Descubrimientos. Los mercaderes y viajeros europeos no pudiendo llegar a Asia por tierra y recurrieron al agua. Esto supuso una oportunidad para el intercambio cultural entre Europa y otros países. Cada uno compartía su religión, tradiciones, costumbres, tecnología e ideas con los otros).*

4. Música, arte y teatro *(Los mercaderes, viajeros y exploradores de la Ruta de la Seda conocieron diferentes tipos de música, arte, teatro y literatura al observar e interactuar con la gente del camino y aprender sobre diferentes culturas, orígenes e ideas).*

5. Enviándola como regalo a otros gobernantes *(Los emperadores chinos enviaban seda como regalo a gobernantes de diferentes países, lo que ayudó a difundir el conocimiento de la seda por todo el mundo).*

Identifique las imágenes

1. La Ruta de la Seda, a orillas del río Indo *(La ruta tiene más de 2000 años. Solo desde China, hubo cinco rutas de la seda).*

2. Ferdinand von Richthofen *(La mayor contribución de Ferdinand fue su investigación sobre la tierra amarilla en China).*

3. Caballo *ferghana*, de la dinastía Tang *(Este tipo de caballo está extinto).*

4. Especias y té *(Siguen siendo las dos mayores exportaciones de China).*

5. Luoyang, Chang'an, Wuwei, condado de Anxi, Dunhuang, Turpan, Yining, Aksu, Hotan, Kashgar, Kokand, Samarcanda, Merv, Qumis Irán, Seleucia-Ctesifonte y Dura-Europos.

Actividad de intercambio cultural

1. Dinastía Han/Seda. Imagen 84

2. Dinastías Qin y Han/ Especias. Imagen 83

3. Dinastía Tang/Jade. Imagen 86

4. Dinastía Shang/Bronce. Imagen 87

5. Dinastía Yuan/Porcelana azul y blanca. Imagen 85

Análisis de impacto

1. El comercio a lo largo de la Ruta de la Seda ayudó a difundir las enseñanzas budistas de India a China, y lo convirtió en una de las mayores religiones del mundo. A lo largo de la Ruta de la Seda se encontraban cinco escuelas budistas, que permitían a los mercaderes comerciar e interactuar con los monjes. El budismo enseña a sus seguidores a ser amables y generosos. Agradecían cualquier contribución de los mercaderes de la Ruta de la Seda. Los monjes les agradecían sus amables regalos proporcionándoles orientación espiritual.

2. El budismo y el taoísmo interactuaron entre sí en China durante el siglo III. El taoísmo se difundió en China y Asia del mismo modo que el budismo, mediante la construcción de instalaciones religiosas para que los mercaderes y viajeros aprendieran sobre la religión en la Ruta de la Seda. El taoísmo tuvo un enorme impacto en muchas creencias religiosas, incluido el budismo. Muchos templos budistas incluyen capillas taoístas. La tradición budista «Chan chino», que muchos conocen como «Zen», debe sus enseñanzas al sincretismo taoísta budista.

3. Muchas culturas antiguas se influyeron mutuamente con descubrimientos científicos y tecnológicos. La Ruta de la Seda desempeñó un papel fundamental en el acercamiento de China a otras culturas antiguas. Los mercaderes no solo intercambiaban mercancías entre sí, sino también conocimientos y la tecnología necesaria para fabricarlas. También hubo un intercambio de

prácticas agrícolas y de conocimientos sobre nuevas razas de animales, plantas y cultivos. También aprendieron técnicas artesanales para la cerámica, los textiles y el vidrio y la tecnología, que entraba en su producción.

4. La Ruta de la Seda también ayudó a difundir historias y obras literarias que diplomáticos, monjes, viajeros, peregrinos y eruditos compartían en el camino. Los eruditos que trabajaban o vivían en la Ruta de la Seda tradujeron muchas de estas obras literarias para acercar a las distintas culturas.

5. La antigua China estaba aislada debido a su geografía, rodeada de mares, montañas y desiertos. Aunque protegían al país de invasiones extranjeras, lo aislaban del resto del mundo. La Ruta de la Seda conectó a China con otras civilizaciones con fascinantes culturas, religiones, ideas y tecnologías.

Conclusión

Felicitaciones, ya terminó el libro y respondió a las quinientas preguntas sobre la antigua China. ¿Siente que ha adquirido más conocimientos después de leerlo? ¿Es ahora un experto en la antigua China?

El libro lo llevó en un viaje a través de nueve de las dinastías más influyentes de la antigua China. Descubrió cómo los emperadores ascendieron al poder y cómo cayeron sus gobiernos. Aprendió sobre los numerosos inventos de la antigua China y cómo influyeron en muchos descubrimientos en Europa y en el mundo.

Gracias al poder de la imaginación, viajó en el tiempo y conoció las diferentes filosofías y religiones de la antigua China. Siguió los pasos de los mercaderes y comerció en la Ruta de la Seda, además de pasar un día como un antiguo niño chino.

Respondió a diferentes tipos de preguntas que le permitieron pensar, utilizar su imaginación y ponerse en diversos escenarios. Se convirtió en un filósofo, atrapado en dilemas éticos, y en un inventor, que buscaba formas de poner en práctica sus inventos.

La historia está llena de lecciones, y usted vio el ascenso y la caída de los antiguos gobernantes chinos y aprendió de sus errores. Se le presentaron diferentes escuelas de filosofía que le ayudarán a expandir su mente y sus pensamientos.

Aunque el libro se acabe, el aprendizaje no termina. Siga leyendo y adquiriendo nueva información sobre sus temas favoritos.

Mira otro libro de la serie

Referencias

10 Facts About the Yuan Dynasty, Highlights of Yuan Dynasty. (n.d.). Www.chinahighlights.com. https://www.chinahighlights.com/travelguide/china-history/yuan-dynasty-facts.htm#google_vignette

4,000-year-old palace discovered in central China. (2023, December 31). The Jerusalem Post | JPost.com. https://www.jpost.com/archaeology/article-780185

A history of Chinese tattoos and Chinese tattooing traditions[1]-Chinadaily.com.cn. (n.d.). Www.chinadaily.com.cn. https://www.chinadaily.com.cn/life/2011-03/15/content_12175139.htm

A quote by Gautama Buddha. (n.d.). Www.goodreads.com. https://www.goodreads.com/quotes/3181192-in-the-end-only-three-things-matter-how-much-you

Acupuncture - Mayo Clinic. (2024, April 20). Www.mayoclinic.org. https://www.mayoclinic.org/tests-procedures/acupuncture/about/pac-20392763

Admiral Zheng He's Voyages to the "West Oceans." (n.d.). Association for Asian Studies. https://www.asianstudies.org/publications/eaa/archives/admiral-zheng-hes-voyages-to-the-west-oceans

Advancements Under the Shang | Early World Civilizations. (n.d.). Courses.lumenlearning.com. https://courses.lumenlearning.com/atd-herkimer-worldcivilization/chapter/advancements-under-the-shang

Amaro, A. M. (2023). RITUALS OF LIFE AND DEATH IN ANCIENT CHINA. Icm.gov.mo. https://www.icm.gov.mo/rc/viewer/20018/992

American Numismatic Association. (n.d.). Chinese Paper Currency. American Numismatic Association. https://www.money.org/money-museum/virtual-exhibits-hom-case16

An introduction to the Ming dynasty (1368–1644) (article). (n.d.). Khan Academy. https://www.khanacademy.org/humanities/art-asia/imperial-china/ming-dynasty/a/an-introduction-to-the-ming-dynasty-13681644

Analyzing the Social Structure of Ancient China. (n.d.). Study.com. https://study.com/skill/practice/analyzing-the-social-structure-of-ancient-china-questions.html

Ancient China Geography | Facts, Isolation & Location. (n.d.). Study.com. https://study.com/academy/lesson/how-geography-isolated-ancient-china.html

Ancient China Test Review | Quizizz. (n.d.). Quizizz.com. https://quizizz.com/admin/quiz/5a689b9180bf2a001c3451fd/ancient-china-test-review

Ancient China: Xia Dynasty. (2019). Ducksters.com. https://www.ducksters.com/history/china/xia_dynasty.php

Ancient China: Yuan Dynasty. (2019). Ducksters.com. https://www.ducksters.com/history/china/yuan_dynasty.php

Ancient Chinese Kites for Kids - Ancient China for Kids. (n.d.). China.mrdonn.org. https://china.mrdonn.org/kites.html

Ancient Chinese Philosophies | 77 plays | Quizizz. (n.d.). Quizizz.com. https://quizizz.com/admin/quiz/586daaacbb5ddb7920e5dbcf/ancient-chinese-philosophies

Ancient Chinese Seismometers Used Dragons and Toads. (n.d.). Kids Discover Online. https://online.kidsdiscover.com/quickread/ancient-chinese-seismometer-used-dragons-and-toads

Andrews, E. (2014, April 29). 10 Things You May Not Know about Genghis Khan. History; A&E Television Networks. https://www.history.com/news/10-things-you-may-not-know-about-genghis-khan

Andrews, E. (2018, August 31). 11 Things You May Not Know About Marco Polo. HISTORY. https://www.history.com/news/11-things-you-may-not-know-about-marco-polo

Art under the Ming Dynasty | Early World Civilizations. (n.d.). Courses.lumenlearning.com. https://courses.lumenlearning.com/atd-herkimer-worldcivilization/chapter/art-under-the-ming-dynasty/

Asia. (2024). Asia for Educators | Columbia University. Columbia.edu. https://afe.easia.columbia.edu/special/china_1000bce_confucius_intro.htm

Attraction. (n.d.). R.visitbeijing.com.cn. https://r.visitbeijing.com.cn/attraction/10

Barksdale, N. (2018, October 9). 7 Things You May Not Know About the Ming Dynasty. HISTORY. https://www.history.com/news/7-things-you-may-not-know-about-the-ming-dynasty

Barnwell, Z. (n.d.). Zhou Dynasty | 170 plays | Quizizz. Quizizz.com. https://quizizz.com/admin/quiz/61808427657fc2001d51b145/zhou-dynasty?fromSearch=true&source=

BBC - Religions - Taoism: Taoist ethics. (n.d.). Www.bbc.co.uk. https://www.bbc.co.uk/religion/religions/taoism/taoethics/ethics_1.shtml

BBC. (2023). Rebirth - Buddhist beliefs - Edexcel - GCSE Religious Studies Revision - Edexcel. BBC Bitesize. https://www.bbc.co.uk/bitesize/guides/zf8g4qt/revision/8

Beijing's Ancient Observatory. (2010). NASA Blueshift. https://asd.gsfc.nasa.gov/blueshift/index.php/2010/08/20/maggies-blog-beijings-ancient-observatory/

Belief Systems Along the Silk Road. (n.d.). Asia Society. https://asiasociety.org/education/belief-systems-along-silk-road

Bevan, R. (2022a, January 26). 10 Facts About Confucius. History Hit. https://www.historyhit.com/facts-about-confucius/

Bevan, R. (2022b, February 2). 10 Facts About the Tang Dynasty. History Hit. https://www.historyhit.com/facts-about-the-tang-dynasty/

Beyer, G. (2024, April 11). 15 Facts About Genghis Khan & His Legacy. TheCollector. https://www.thecollector.com/genghis-khan-facts/

Bileta, V. (2022a, November 5). The 4 Powerful Empires of the Silk Road. TheCollector. https://www.thecollector.com/four-empires-silk-road/

Bileta, V. (2022b, November 27). The Seven Voyages of Zheng He: When China Ruled the Seas. TheCollector. https://www.thecollector.com/zheng-he-seven-voyages/

Bristol, U. of. (n.d.). Death and Dying in Buddhism. Www.bristol.ac.uk. https://www.bristol.ac.uk/religion/buddhist-centre/projects/bdr/chaplains/online-guide.html

Brown, L. (2016, November 6). Drinking Wine in Ancient China. JSTOR Daily. https://daily.jstor.org/wine-in-ancient-china/

Brown, T., & Lai, S. (2006, November). The Shang Dynasty, 1600 to 1050 BCE. Spice.fsi.stanford.edu. https://spice.fsi.stanford.edu/docs/the_shang_dynasty_1600_to_1050_bce

Buddha And The Path To Happiness - An Overview. (n.d.). Www.pursuit-of-Happiness.org. https://www.pursuit-of-happiness.org/history-of-happiness/buddha

Buddhism as a world religion: The Senior Phase Context. (n.d.). https://education.gov.scot/media/1dofdmp4/rme18-buddhism-senior-phase-context.pdf

Buddhist and non buddhist symbols in Mongolia : endless knot (ulzii), soyombo... - By Mongolia Travel and Tours. (n.d.).

Www.mongolia-Travel-And-Tours.com. https://www.mongolia-travel-and-tours.com/symbols-mongolia.html#:~:text=The%20Soyombo%2C%20flag%20symbol%20of%20Mongolia&text=Fire%20is%20a%20general%20symbol

Byrne, S. (n.d.). Chinese Dynasties 1: Xia, Shang & Early Zhou | Quizizz. Quizizz.com. Retrieved July 4, 2024, from https://quizizz.com/admin/quiz/5d6749c17a52a1001d868666/chinese-dynasties-1-xia-shang-early-zhou

c. 1045 BC: Zhou kings introduce concept of Heaven (Tian), Mandate of Heaven, Son of Heaven | Chinese 110 | Timeline. (n.d.). Academics.wellesley.edu. Retrieved July 7, 2024, from http://academics.wellesley.edu/knapp/Chin110/Timeline/StudentResponses/Zhou/1045_kings_heaven.html

Campbell, D. R. (n.d.). The Fall of the Han Dynasty (article). Khan Academy. https://www.khanacademy.org/humanities/whp-origins/era-4-regional/41-systems-collapse-betaa/a/read-the-fall-of-the-han-dynasty-beta

Cartwright, M. (n.d.-a). Religion in the Mongol Empire. World History Encyclopedia. https://www.worldhistory.org/article/1469/religion-in-the-mongol-empire/#:~:text=Tibetan%20Buddhism%20was%20made%20the

Cartwright, M. (n.d.-b). The Mongol Invasions of Japan, 1274 & 1281 CE. World History Encyclopedia. Retrieved July 14, 2024, from https://www.worldhistory.org/article/1415/the-mongol-invasions-of-japan-1274--1281-ce/#:~:text=and%20caused%20havoc.-

Cartwright, M. (2017a, July 12). Chang'an. Www.worldhistory.org. https://www.worldhistory.org/Chang

Cartwright, M. (2017b, July 12). Warring States Period. World History Encyclopedia. https://www.worldhistory.org/Warring_States_Period/#:~:text=The%20Warring%20States%20period%20(481

Cartwright, M. (2017c, July 13). Chariots in Ancient Chinese Warfare. World History Encyclopedia. https://www.worldhistory.org/article/1091/chariots-in-ancient-chinese-warfare/#google_vignette

Cartwright, M. (2017d, July 17). Crossbows in Ancient Chinese Warfare. World History Encyclopedia. https://www.worldhistory.org/article/1098/crossbows-in-ancient-chinese-warfare/

Cartwright, M. (2017e, July 25). Mandate of Heaven. World History Encyclopedia. https://www.worldhistory.org/Mandate_of_Heaven/

Cartwright, M. (2017f, July 28). Silk in Antiquity. World History Encyclopedia. https://www.worldhistory.org/Silk/#:~:text=Silk%20is%20a%20fabric%20first

Cartwright, M. (2017g, September 14). Achievements of the Han Dynasty. World History Encyclopedia. https://www.worldhistory.org/article/1119/achievements-of-the-han-dynasty/

Cartwright, M. (2017h, September 15). Paper in Ancient China. World History Encyclopedia. https://www.worldhistory.org/article/1120/paper-in-ancient-china/#:~:text=The%20invention%20of%20paper%20greatly

Cartwright, M. (2017i, September 22). Sui Dynasty. World History Encyclopedia. https://www.worldhistory.org/Sui_Dynasty/

Cartwright, M. (2017j, September 27). Foot-Binding. World History Encyclopedia. https://www.worldhistory.org/Foot-Binding/

Cartwright, M. (2017k, October 11). The Art of the Tang Dynasty. World History Encyclopedia. https://www.worldhistory.org/article/1130/the-art-of-the-tang-dynasty/

Cartwright, M. (2017l, October 16). Ancient Chinese Calligraphy. World History Encyclopedia. https://www.worldhistory.org/Chinese_Calligraphy/#:~:text=Definition&text=Calligraphy%20established%20itself%20as%20the

Cartwright, M. (2017m, October 19). Women in Ancient China. World History Encyclopedia. https://www.worldhistory.org/article/1136/women-in-ancient-china/#google_vignette

Cartwright, M. (2018, May 16). Yin and Yang. World History Encyclopedia. https://www.worldhistory.org/Yin_and_Yang/

Cartwright, M. (2019a, February 6). Ming Dynasty. World History Encyclopedia. https://www.worldhistory.org/Ming_Dynasty/#google_vignette

Cartwright, M. (2019b, February 7). The Seven Voyages of Zheng He. World History Encyclopedia. https://www.worldhistory.org/article/1334/the-seven-voyages-of-zheng-he/

Cartwright, M. (2019c, February 8). The Civil Service Examinations of Imperial China. World History Encyclopedia. https://www.worldhistory.org/article/1335/the-civil-service-examinations-of-imperial-china/

Cartwright, M. (2019d, February 12). Marco Polo. World History Encyclopedia. https://www.worldhistory.org/Marco_Polo/

Cartwright, M. (2019e, February 13). Hongwu Emperor. World History Encyclopedia. https://www.worldhistory.org/Hongwu_Emperor/

Cartwright, M. (2019f, July 2). The Mongol Invasions of Japan, 1274 & 1281 CE. World History Encyclopedia. https://www.worldhistory.org/article/1415/the-mongol-invasions-of-japan-1274--1281-ce/

Cartwright, M. (2019g, September 18). Xanadu. World History Encyclopedia. https://www.worldhistory.org/Xanadu/

Centre, U. W. H. (n.d.). Yin Xu. UNESCO World Heritage Centre. https://whc.unesco.org/en/list/1114/#:~:text=The%20archaeological%20site%20of%20Yin

CGTN. (2023, May 20). Why Chinese emperors from ethnic minorities respect Confucius. News.cgtn.com. https://news.cgtn.com/news/2023-05-20/Why-Chinese-emperors-from-ethnic-minorities-respect-Confucius-1jXqIItVKEg/index.html#:~:text=Ideologies%20shared%20by%20both%20ruling%20class%20and%20common%20people&text=Confucianism%20was%20widely%20embraced%20by

Chen, L., Cohen, S., Song, E., & Tsoy, S. (n.d.-a). Education and the Arts. THE TANG DYNASTY. https://legitsourceforyourtangdynastyessays.weebly.com/education-and-the-arts.html

Chen, L., Cohen, S., Song, E., & Tsoy, S. (n.d.-b). Social Structure. THE TANG DYNASTY. https://legitsourceforyourtangdynastyessays.weebly.com/social-structure.html#:~:text=Social%20structure%20in%20the%20Tang

Chi -hua, W. (1981). BASIC FOREIGN-POLICY ATTITUDES OF THE EARLY MING DYNASTY. Ming Studies, 1981(1), 65–80. https://doi.org/10.1179/014703781788764829

China Han Dynasty Quiz - Trivia & Questions. (n.d.). Www.proprofs.com. Retrieved July 9, 2024, from https://www.proprofs.com/quiz-school/story.php?title=china-han-dynasty-quiz

China Qin Dynasty Quiz - Trivia & Questions. (n.d.). Www.proprofs.com. Retrieved July 9, 2024, from https://www.proprofs.com/quiz-school/story.php?title=china-qin-dynasty-quiz

China Silk Road Quiz - Trivia & Questions. (n.d.). Www.proprofs.com. Retrieved July 20, 2024, from https://www.proprofs.com/quiz-school/story.php?title=china-silk-road-quiz

Chinese Funeral Traditions. (n.d.). Chapel of the Chimes Oakland. https://oakland.chapelofthechimes.com/resources/chinese-funeral-traditions#:~:text=After%20death%2C%20relatives%20and%20friends

Chinese Inventions. (n.d.). Asia Society. https://asiasociety.org/education/chinese-inventions#:~:text=Many%20are%20surprised%20to%20realize

Chinese jade: an introduction (article). (n.d.). Khan Academy. https://www.khanacademy.org/humanities/art-asia/imperial-china/neolithic-art-china/a/chinese-jade-an-introduction#:~:text=Jade%20was%20worn%20by%20kings

Chinese Merchants: Definition & Importance. (n.d.). Vaia. Retrieved July 9, 2024, from https://www.vaia.com/en-us/explanations/history/modern-world-history/chinese-merchants/#:~:text=Merchants%20were%20the%20next%20class

Chinese Paper making: History, Techniques. (n.d.). Vaia. Retrieved July 24, 2024, from https://www.vaia.com/en-us/explanations/chinese/chinese-vocabulary/chinese-paper-making/#:~:text=Chinese%20paper%20making%20revolutionised%20communication

Chinese Paper making: History, Techniques | StudySmarter. (n.d.). StudySmarter UK. Retrieved July 24, 2024, from https://www.studysmarter.co.uk/explanations/chinese/chinese-vocabulary/chinese-paper-making/#:~:text=Paper%20Making%20and%20the%20Spread%20of%20Culture&text=One%20of%20the%20most%20significant

Chinese Porcelain | Silk Roads Programme. (n.d.). En.unesco.org. https://en.unesco.org/silkroad/content/chinese-porcelain#:~:text=Porcelain%20is%20the%20creative%20fruit

Chinese Tea - china.org.cn. (n.d.). Www.china.org.cn. http://www.china.org.cn/learning_chinese/Chinese_tea/2011-07/15/content_22999489.htm#:~:text=In%20the%20Tang%20Dynasty%20(618

Clark , J., & Bos, S. (1970, January 1). Top 10 Ancient Chinese Inventions. HowStuffWorks. https://science.howstuffworks.com/innovation/inventions/10-ancient-chinese-inventions.htm#pt1

Clemons, L. (n.d.). Zhou Dynasty | 680 plays | Quizizz. Quizizz.com. Retrieved July 5, 2024, from https://quizizz.com/admin/quiz/5a62035cef58a9001b07c964/zhou-dynasty?fromSearch=true&source=

Confucianism In Education: Philosophy & Values. (n.d.). Vaia. Retrieved July 21, 2024, from https://www.vaia.com/en-us/explanations/chinese/chinese-social-issues/confucianism-in-education/#:~:text=Confucius%2C%20a%20teacher%20and%20philosopher

Confucius' Ideas on Family & Society Video. (2013). Confucius' Ideas on Family & Society - Video & Lesson Transcript | Study.com. Study.com. https://study.com/academy/lesson/confucius-ideas-on-family-society.html#:~:text=Confucianism%20uses%20the%20family%20as

Cowrie-shell coin, earliest coins of China, Shang dynasty, c.1766-1154. (n.d.). NumisMall.com. Retrieved July 4, 2024, from https://www.numismall.com/products/cowrie-shell-coin-earliest-coins-of-china-shang-dynasty-c-1766-1154-bc-hartill-1-11#:~:text=In%20the%2014th%20century%20BC

Cromwell, S. (2020, May 21). China: Make Your Own Paper. Timothy S. Y. Lam Museum of Anthropology. https://lammuseum.wfu.edu/2020/05/china-make-your-own-paper/#:~:text=Traditionally%2C%20writing%20was%20done%20by

Cultural Selection: Illustrations of Literary Exchange along the Silk Roads | Silk Roads Programme. (n.d.). En.unesco.org. https://en.unesco.org/silkroad/content/cultural-selection-illustrations-literary-exchange-along-silk-roads#:~:text=The%20Silk%20Roads%20facilitated%20the

D'Angelo, D. (n.d.). Confucius Said | Ohio University. Www.ohio.edu. https://www.ohio.edu/cis/confucius-said#:~:text=In%20order%20to%20be%20successful

Daley, B. (2014, January 9). Marco Polo - the man who brought China to Europe. Www.europeana.eu. https://www.europeana.eu/en/stories/marco-polo-the-man-who-brought-china-to-europe

Decline of the Yuan Dynasty | World Civilization. (n.d.). Courses.lumenlearning.com. https://courses.lumenlearning.com/suny-hccc-worldcivilization/chapter/decline-of-the-yuan-dynasty/#:~:text=From%20the%20late%201340s%20onward

Department of Asian Art. (2019). Northern Song Dynasty (960–1127). Metmuseum.org. https://www.metmuseum.org/toah/hd/nsong/hd_nsong.htm

Department of Asian Art. (2020). Shang and Zhou Dynasties: The Bronze Age of China. Metmuseum.org. https://www.metmuseum.org/toah/hd/shzh/hd_shzh.htm#:~:text=The%20era%20of%20the%20Shang

Des Marais, S. (2018, June 9). How To Go With The Flow In Life: 12 Tips. Psych Central. https://psychcentral.com/health/ways-to-go-with-the-flow-and-stay-in-the-moment#:~:text=Practice%20mindfulness

DeVencentis, P. (2018, September 12). William Paterson University art professor's "Paper Money" painting in line for award. North Jersey Media Group. https://www.northjersey.com/story/news/passaic/wayne/2018/09/12/william-paterson-university-art-professor-zhiyuan-cong-paints-history-paper-money/1205471002/

Do You Know About The Zhou Dynasty? Trivia Quiz - Trivia & Questions. (n.d.). Www.proprofs.com. Retrieved July 5, 2024, from https://www.proprofs.com/quiz-school/story.php?title=62-quiz--zhou-dynasty-new-ideas

Donn, L. (n.d.). Clothing in Ancient China - Ancient China for Kids. China.mrdonn.org.

https://china.mrdonn.org/clothing.html#:~:text=People%20in%20ancient%20China%20wore

Douglas, C. (n.d.). Quizizz — The world's most engaging learning platform. Quizizz.com. Retrieved July 17, 2024, from https://quizizz.com/admin/quiz/5f828cbd26f122001bb1b354/ancient-chinese-inventions?fromSearch=true&source=

Ducksters. (2018). Kids History: The Song Dynasty of Ancient China. Ducksters.com. https://www.ducksters.com/history/china/song_dynasty.php

Ducksters. (2019a). Ancient China: Shang Dynasty. Ducksters.com. https://www.ducksters.com/history/china/shang_dynasty.php

Ducksters. (2019b). Kids History: Festivals in Ancient China. Ducksters.com. https://www.ducksters.com/history/china/chinese_festivals.php

Ducksters. (2019c). Kids History: The Zhou Dynasty of Ancient China. Ducksters.com. https://www.ducksters.com/history/china/zhou_dynasty.php

E., K. (n.d.). The Zhou Dynasty | 116 plays | Quizizz. Quizizz.com. Retrieved July 4, 2024, from https://quizizz.com/admin/quiz/5c6c0ff0217d20001bf1fda5/the-zhou-dynasty

Early Trans-Oceanic Trade In South and Southeast Asia | Silk Roads Programme. (n.d.). En.unesco.org. Retrieved July 23, 2024, from https://en.unesco.org/silkroad/knowledge-bank/early-trans-oceanic-trade-south-and-southeast-asia#:~:text=Buddhist%20monasteries%20were%20established%20close

Economic. (n.d.). Shang Dynasty. https://www.shangdynasty.info/economic#:~:text=Shang%20economy%20had%20three%20main

ECONOMY. (n.d.). YuaN DynastY. https://shaiyasmntha.wixsite.com/m3sit3/economy#:~:text=Under%20the%20wise%20governing%20the

Economy. (n.d.). Tang China. https://huntertangdynasty.weebly.com/economy.html#:~:text=In%20the%20Tang%20dynasty%2C%20the

Editors, H. com. (2017, December 21). Han Dynasty - Dates, Rulers & Legacy. HISTORY. https://www.history.com/topics/ancient-china/han-dynasty#silk-road

Eliza. (2022). How did Marco Polo's travels influence European culture? Tutorchase.com. https://www.tutorchase.com/answers/ib/history/how-did-marco-polo-s-travels-influence-european-culture

Endicott-West, E. (1994). The Yüan government and society (D. C. Twitchett & H. Franke, Eds.). Cambridge University Press; Cambridge University Press.

https://www.cambridge.org/core/books/abs/cambridge-history-of-china/yuan-government-and-society/4D2947564A6DEFC71F9C01603D7AD3C3

ESCOBAR, M. (2024, June 2). Practices to Purify the Three Poisons of Buddhism. Lion's Roar. https://www.lionsroar.com/practices-to-purify-three-poisons/#:~:text=Greed%2C%20or%20craving%2C%20is%20rooted

Fei, J., & Pei, Q. (2019). Ferdinand von Richthofen's loess research in China. Progress in Physical Geography: Earth and Environment, 43(1), 144–156. https://doi.org/10.1177/0309133318824201

Fercility Jiang. (2019). Ancient Chinese Marriage Customs. China Highlights. https://www.chinahighlights.com/travelguide/culture/ancient-chinese-marriage-customs.htm

Feudalism in Ancient China: Lesson for Kids. (2022). Study.com. https://study.com/academy/lesson/feudalism-in-ancient-china-lesson-for-kids.html#:~:text=In%20ancient%20China%2C%20feudalism%20divided

Flores, M. (2023, December 4). The Principles of Taoism: Simplicity, Spontaneity, and Non-Action. Medium. https://medium.com/@mystic.flores/the-principles-of-taoism-simplicity-spontaneity-and-non-action-8e8849dc9b74#:~:text=Simplicity%2C%20or%20ziran%2C%20means%20being

Four Class System of China Yuan Dynasty. (2019). Travelchinaguide.com. https://www.travelchinaguide.com/intro/history/yuan/four-class-system.htm

Fronsdal, G. (n.d.). Buddhism in Nature – Insight Meditation Center. Insight Meditation Center. https://www.insightmeditationcenter.org/books-articles/buddhism-in-nature/#:~:text=A%20long%20tradition%20in%20Buddhism

Gardner, D. K. (2010, October 1). What Confucius says is useful to China's rulers. Los Angeles Times. https://www.latimes.com/archives/la-xpm-2010-oct-01-la-oe-gardner-confucius-20101001-story.html#:~:text=The%20ideal%20ruler%20embodies%20virtue

Gautama Buddha Quotes (Author of The Teaching of Buddha). (2018). Goodreads.com. https://www.goodreads.com/author/quotes/2167493.Gautama_Buddha

Gillan, J. (2019, September 9). Ancient Chinese Earthquake Detector Invented 2,000 Years Ago Really Worked! Ancient Origins Reconstructing the Story of Humanity's Past. https://www.ancient-origins.net/ancient-technology/incredible-earthquake-detector-invented-nearly-2000-years-ago-001377#google_vignette

Gotti, Z. (2024, March 24). The 5 Constant Virtues Of Life. Www.linkedin.com. https://www.linkedin.com/pulse/5-constant-virtues-life-zo%C3%A9-gotti-d3epf/

Great Wall of China Architecture | ArchitectureCourses.org. (n.d.). Www.architecturecourses.org. https://www.architecturecourses.org/learn/great-wall-chinaarchitecture#:~:text=Great%20Wall%20of%20China%20Architecture%20Style&text=The%20style%20varies%20depending%20on

Great Wall, S. (n.d.). 10 Things to Know about the Great Wall of China. Google Arts & Culture. https://artsandculture.google.com/story/10-things-to-know-about-the-great-wall-of-china-simatai-great-wall-tourist-area/8wXxFCy7pu2HWA?hl=en

Grey, O. (2022, November 30). The Ming Treasure Voyages Spread Chinese Influence Throughout the World. Explorethearchive.com. https://explorethearchive.com/ming-treasure-voyages

Han Dynasty | 149 plays | Quizizz. (n.d.). Quizizz.com. Retrieved July 8, 2024, from https://quizizz.com/admin/quiz/5abcd140a19a1b0019723b00/han-dynasty

Han Dynasty Social Structure - The Han Society & Classes. (2014). Thehandynasty.com. https://thehandynasty.com/han-dynasty-social-structure.html

Handle-shaped blade | China | Western Zhou dynasty (1046–771 BCE). (n.d.). The Metropolitan Museum of Art. Retrieved July 8, 2024, from https://www.metmuseum.org/art/collection/search/44783#:~:text=Throughout%20the%20Shang%20and%20Zhou

Harvard Art Museums. (n.d.). Harvardartmuseums.org. https://harvardartmuseums.org/tour/497/slide/11107

Heavenly horses - legend of the origin. (n.d.). Www.advantour.com. https://www.advantour.com/uzbekistan/legends/heavenly-horses.htm#:~:text=Heavenly%20horses%20of%20Ferghana&text=These%20horses%20had%20great%20power

Heston, L. (n.d.). Zhou Dynasty Questions. Quizlet. Retrieved July 5, 2024, from https://quizlet.com/689058692/zhou-dynasty-questions-flash-cards/?isSignupSession

HISTORY.COM EDITORS. (2018, August 21). Shang Dynasty. HISTORY. https://www.history.com/topics/ancient-china/shang-dynasty

History.com Editors. (2017, November 3). Silk Road. History.com; A&E Television Networks. https://www.history.com/topics/ancient-middle-east/silk-road

Horwitz, T. (2021, June 15). TAO TE CHING BY LAO TZU - THE RULER. Cloud Hands Press. https://www.cloudhandspress.com/post/tao-te-ching-by-lao-tzu-the-ruler#:~:text=The%20ruler%20allows%20things%20to

How did trade along the Silk Road contribute to employment? (n.d.). Brainly. Retrieved July 21, 2024, from https://brainly.com/question/17908792

How the ancient Chinese used "oracle bones" to tell the future. (n.d.). History Skills. Retrieved July 3, 2024, from https://www.historyskills.com/classroom/year-7/oracle-bones/#:~:text=What%20kinds%20of%20questions%20were

How were Genghis and Kublai Khan alike? (n.d.). Study.com. Retrieved July 13, 2024, from https://homework.study.com/explanation/how-were-genghis-and-kublai-khan-alike.html#:~:text=Genghis%20Khan%20and%20Kublai%20Khan,Mongol%20Empire%20through%20military%20conquests.

Howard, M. (2022, October 31). Who invented toilet paper? Bumboo. https://www.bumboo.eco/blogs/news/who-invented-toilet-paper#:~:text=The%20Chinese%20Imperial%20Court%20of

https://taiwantoday.tw/news.php?unit=&post=. (1968, March 1). Taiwan Today. https://taiwantoday.tw/news.php?unit=20

Hurry, A. (n.d.). Kublai Khan | Biography, Accomplishments & Facts. Study.com. Retrieved July 15, 2024, from https://study.com/learn/lesson/kublai-khan-facts-accomplishments.html#:~:text=The%20grandson%20of%20the%20infamous,he%20had%20betrayed%20Mongol%20traditions.

Imperial China's Dynasties. (n.d.). Education.nationalgeographic.org. https://education.nationalgeographic.org/resource/imperial-chinas-dynasties/6th-grade/

Introduction- Beijing Ancient Observatory- The Beijing Planetarium. (2024). Bjp.org.cn. https://www.bjp.org.cn/en/Beijing%20Ancient%20Observatory/Introduction/index.shtml

Jacksonville, F. S. C. at. (n.d.). Daoism. Fscj.pressbooks.pub. https://fscj.pressbooks.pub/worldreligions/chapter/daoism/#:~:text=There%20are%20no%20%E2%80%9Cbad%20people

Jamie Carter. (2021, May 25). Chinese astronomy: a guide to ancient stargazing in China. Www.skyatnightmagazine.com. https://www.skyatnightmagazine.com/space-science/chinese-astronomy

Jaroff, L. (1997, March 17). CRAZY ABOUT COMETS. TIME. https://time.com/archive/6730507/crazy-about-comets/

Kallie Szczepanski. (2018). Four Principles to China's Mandate of Heaven. ThoughtCo. https://www.thoughtco.com/the-mandate-of-heaven-195113

Kane, M., & Sundstrom, A. (n.d.). Ancient Chinese Inventions and Discoveries | Quizizz. Quizizz.com. Retrieved July 18, 2024, from https://quizizz.com/admin/quiz/65dca3f0e193b20d15ed0c4b/ancient-chinese-inventions-and-discoveries?fromSearch=true&source=

Kauffman, D. (n.d.). Shang Dynasty Quiz | Quizizz. Quizizz.com. Retrieved July 4, 2024, from https://quizizz.com/admin/quiz/5e6bbdd53a9611001d0fe47e?source=auto-trial-start&searchLocale=

Kelley, J. (2020, January 15). A brief history of Calligraphy. HowJoyful. https://www.howjoyful.com/calligraphy-history/#:~:text=The%20origin%20of%20Calligraphy%20with

Keown, D. (2015, October 12). Top ten facts about Buddhism | OUPblog. OUPblog. https://blog.oup.com/2015/09/10-facts-about-buddhism/

Khan Academy. (n.d.). Zheng He (article). Khan Academy. https://www.khanacademy.org/humanities/big-history-project/expansion-interconnection/exploration-interconnection/a/zheng-he

Khan Academy. (2008). Rise of Chinese Dynasties. Khan Academy. https://www.khanacademy.org/humanities/world-history/ancient-medieval/zhou-qin-han-china/a/rise-of-chinese-dynasties

Kids History: Civil Service in Ancient China. (n.d.). Www.ducksters.com. https://www.ducksters.com/history/china/civil_service_government.php#:~:text=The%20civil%20service%20was%20started

Kids History: Forbidden City of Ancient China. (n.d.). Www.ducksters.com. Retrieved July 27, 2024, from https://www.ducksters.com/history/china/forbidden_city.php#:~:text=The%20Forbidden%20City%20also%20served

Kids History: The Legend of Silk in Ancient China. (n.d.). Www.ducksters.com. https://www.ducksters.com/history/china/legend_of_silk.php#:~:text=Keeping%20Silk%20a%20Secret&text=Nobles%20and%20kings%20of%20foreign

Kids History: The Tang Dynasty of Ancient China. (2019). Ducksters.com. https://www.ducksters.com/history/china/tang_dynasty.php

King Tang (Chinese and Japanese) | Grinnell College's Liberal Arts Club Band. (n.d.). GRINNELL COLLEGE'S LIBERAL ARTS CLUB BAND. https://liberalartsclubband.sites.grinnell.edu/annotations/h-o/king-tang-chinese/#:~:text=King%20Tang%20(Chinese%20and%20Japanese%2Fd.

Kublai Khan. (n.d.). Education.nationalgeographic.org. https://education.nationalgeographic.org/resource/kublai-khan/

Kublai Khan | World Civilization. (n.d.). Courses.lumenlearning.com. Retrieved July 14, 2024, from https://courses.lumenlearning.com/suny-hccc-worldcivilization/chapter/kublai-khan/#:~:text=At%20the%20time%20of%20Kublai

Kunzli, B. (2023, July 17). Embracing Simplicity: The Path of Living Simply. Medium. https://medium.com/@kunzlibirgit/embracing-simplicity-the-path-of-living-simply-2dbee1515f5f#:~:text=Simplicity%20in%20Buddhism%3A%20Buddhism%20teaches

Laboratory, N. H. M. F. (n.d.). Early Chinese Compass – 400 BC - Magnet Academy. Nationalmaglab.org.

https://nationalmaglab.org/magnet-academy/history-of-electricity-magnetism/museum/early-chinese-compass-400-bc/#:~:text=People%20usually%20built%20early%20compasses

Lachman, C. (n.d.). Chinese Calligraphy. Asia Society. https://asiasociety.org/education/chinese-calligraphy#:~:text=In%20China%2C%20from%20a%20very

Lai, S., & Brown, W. T. (2006, November). FSI | SPICE - The Shang Dynasty, 1600 to 1050 BCE. Spice.fsi.stanford.edu. https://spice.fsi.stanford.edu/docs/the_shang_dynasty_1600_to_1050_bce#:~:text=The%20Shang%20made%20many%20contributions

Landscape Painting in Chinese Art. (2022). Metmuseum.org. https://www.metmuseum.org/toah/hd/clpg/hd_clpg.htm#:~:text=By%20the%20late%20Tang%20dynasty

Legal Rights Of Chinese Women In The 17th Century Ming Dynasty | Cram. (n.d.). Www.cram.com. https://www.cram.com/essay/Legal-Rights-Of-Chinese-Women-In-The/PKDR4H9CX5W#:~:text=Throughout%20ancient%20China%20and%20continuing

Leung, I. (2008, August). Early Writing Technologies. Asia Society. https://asiasociety.org/education/writing-and-technology-china#:~:text=These%20bamboo%20or%20wood%20documents,sixth%20or%20seventh%20century%20B.C.E.

Linton, B. (2024, January 10). The Significance of Self-Reflection in Zen Buddhism: Insights from Zen Master Dogen. Medium. https://brucelinton.medium.com/the-significance-of-self-reflection-in-zen-buddhism-insights-from-zen-master-dogen-fcd6f7571ae3

Low, K. (2013). Materialism, Confucianism and Confucian Values. Educational Research, 4(5), 403–412. https://www.interesjournals.org/articles/materialism-confucianism-and-confucian-values.pdf

Low, K. C. P. (2013). Confucian Ethics. Encyclopedia of Corporate Social Responsibility, 437–443. https://doi.org/10.1007/978-3-642-28036-8_594

Lumen Learning. (2008). Culture Under the Song Dynasty | World Civilization. Lumenlearning.com. https://courses.lumenlearning.com/suny-hccc-worldcivilization/chapter/culture-under-the-song-dynasty/

Luo, S. (2019). Happiness and the Good Life: A Classical Confucian Perspective. Dao, 18(1), 41–58. https://doi.org/10.1007/s11712-018-9640-8

Lyn, V. (2021, March 1). HUMAN BEINGS — ARE WE BORN GOOD OR EVIL? Medium. https://vincentlyn.medium.com/human-beings-are-we-born-good-or-evil-4dca3e19b82f#:~:text=Whether%20humans%20are%20born%20good

Mack, L. (2019, August 15). Filial Piety: An Important Chinese Cultural Value. ThoughtCo. https://www.thoughtco.com/filial-piety-in-chinese-688386

Mahadane, R. (2019, November 1). The Philosophy Of Flow — Taoism. Medium. https://medium.com/novasemita/the-philosophy-of-flow-taoism-f176f1de2999

Mañé, A. (2021, December 1). Zheng He and the Era of the Great Chinese Maritime Expeditions. European Guanxi. https://www.europeanguanxi.com/post/zheng-he-and-the-era-of-the-great-chinese-maritime-expeditions#:~:text=Zh%C3%A8ng%20H%C3%A9

Marco Polo – Silk Road Traveler and Explorer. (2016). Travelchinaguide.com. https://www.travelchinaguide.com/silk-road/history/traveler-marco-polo.htm

Mark, E. (2015, August 22). Great Wall of China. World History Encyclopedia. https://www.worldhistory.org/Great_Wall_of_China/

Mark, E. (2016a, January 10). Xia Dynasty. World History Encyclopedia. https://www.worldhistory.org/Xia_Dynasty/#google_vignette

Mark, E. (2016b, January 31). Legalism. World History Encyclopedia. https://www.worldhistory.org/Legalism/

Mark, E. (2016c, February 26). Oracle Bones. World History Encyclopedia. https://www.worldhistory.org/Oracle_Bones/

Mark, E. (2016d, February 28). Tang Dynasty. World History Encyclopedia. https://www.worldhistory.org/Tang_Dynasty/

Mark, E. (2016e, March 9). Emperor Taizong of Tang. World History Encyclopedia. https://www.worldhistory.org/Emperor_Taizong_of_Tang/

Mark, E. (2016f, April 21). Religion in Ancient China. World History Encyclopedia. https://www.worldhistory.org/article/891/religion-in-ancient-china/

Mark, E. (2016g, April 27). Daily Life in Ancient China. World History Encyclopedia. https://www.worldhistory.org/article/890/daily-life-in-ancient-china/

Mark, J. (2012a, December 18). Ancient China. World History Encyclopedia; World History Encyclopedia. https://www.worldhistory.org/china/

Mark, J. (2012b, December 18). Shi Huangdi. World History Encyclopedia. https://www.worldhistory.org/Shi_Huangdi/

Mark, J. (2020a, July 1). Zhou Dynasty. World History Encyclopedia. https://www.worldhistory.org/Zhou_Dynasty/

Mark, J. (2020b, July 3). Han Dynasty. World History Encyclopedia. https://www.worldhistory.org/Han_Dynasty/

Mark, J. (2020c, July 9). Lao-Tzu. World History Encyclopedia. https://www.worldhistory.org/Lao-Tzu/

Mark, J. J. (2020a, July 1). Qin Dynasty. World History Encyclopedia. https://www.worldhistory.org/Qin_Dynasty/

Mark, J. J. (2020b, July 9). Sun-Tzu. World History Encyclopedia. https://www.worldhistory.org/Sun-Tzu/#google_vignette

MarkWalkerFord. (2021, March 16). 10 Interesting Chinese Porcelain Facts. Rob Turner China Designs. https://robturner.co.uk/infographics/10-interesting-chinese-porcelain-facts/

Maser, M., & Jeffers, J. (n.d.). Zhou Dynasty | Quizizz. Quizizz.com. Retrieved July 5, 2024, from https://quizizz.com/admin/quiz/620c5892cc10e6001d7767ea/zhou-dynasty?fromSearch=true&source=

May, T. (2008). The Mongol Empire in World History. World History Connected, 5(2). https://worldhistoryconnected.press.uillinois.edu/5.2/may.html#:~:text=World%20History%20and%20the%20Mongols

michel. (2023, September 14). Genghis Khan. How the Mongols changed the world - Society of Friends of the Cernuschi Museum. Société Des Amis Du Musée Cernuschi. https://amis-musee-cernuschi.org/en/gengis-khan-comment-les-mongols-ont-change-le-monde/#:~:text=After%20years%20of%20violent%20conquests

Milligan, M. (2022, October 17). Liu Bang – The peasant that become an Emperor. HeritageDaily - Archaeology News. https://www.heritagedaily.com/2022/10/liu-bang-the-peasant-that-become-an-emperor/145001

Ming Dynasty Social Structure - The Ming Society & Classes. (2014). Themingdynasty.org. https://themingdynasty.org/ming-dynasty-social-structure.html

Ming Tombs. (n.d.). English.beijing.gov.cn. Retrieved July 26, 2024, from https://english.beijing.gov.cn/beijinginfo/culture/culturaltreasures/sevenculture/202401/t20240111_3532654.html#:~:text=Established%20in%201409%2C%20these%20tombs

Mongol Empire. (n.d.). Britannica Kids. Retrieved July 13, 2024, from https://kids.britannica.com/students/article/Mongol-Empire/275900#:~:text=The%20Mongols%20were%20the%20first

Mongol empire - Effects of Mongol rule. (2019). In Encyclopædia Britannica. https://www.britannica.com/place/Mongol-empire/Effects-of-Mongol-rule

Mongols in World History | Asia for Educators. (n.d.-a). Afe.easia.columbia.edu. https://afe.easia.columbia.edu/mongols/pastoral/pastoral.htm#:~:text=Introduction

Mongols in World History | Asia for Educators. (n.d.-b). Afe.easia.columbia.edu. https://afe.easia.columbia.edu/mongols/china/china3_a.htm

Mostafa. (2023, March 21). Battle Of Muye. Medium. https://medium.com/@mo2men.org.net/battle-of-muye-544e1eb02057

Mr. Lee. (n.d.). Chinese Inventions | Quizizz. Quizizz.com. Retrieved July 17, 2024, from https://quizizz.com/admin/quiz/6153487e0646b7001d810477/chinese-inventions?fromSearch=true&source=

Multiple Choice Quiz. (n.d.). Oxford University Press. Retrieved July 4, 2024, from https://global.oup.com/us/companion.websites/9780195332872/student/chapter4/quiz/

Museum, S. (n.d.). The Chinese compass and the birth of navigation. Google Arts & Culture. https://artsandculture.google.com/story/the-chinese-compass-and-the-birth-of-navigation-sichuan-museum/NwUh8_iOJNTQLw?hl=en

My China Roots. (n.d.). Euro-Travel-Example.com. https://www.mychinaroots.com/wiki/article/haijin

N.S. Gill. (2019). Was the Xia Dynasty of Ancient China Real or Mythical? ThoughtCo. https://www.thoughtco.com/xia-dynasty-117676

Nanji, A., & Niyozov, S. (2002). The Silk Road: Crossroads and Encounters of Faiths. Smithsonian Folklife Festival. https://festival.si.edu/2002/the-silk-road/the-silk-road-crossroads-and-encounters-of-faith/smithsonian#:~:text=The%20Silk%20Road%20provided%20a

Napthali, L. (2023, February 21). LibGuides: Ancient China: Everyday Life. Library.norwood.vic.edu.au. https://library.norwood.vic.edu.au/c.php?g=946985&p=6861428#:~:text=In%20ancient%20China%20the%20overwhelming

National Geographic. (2022, May 20). The Pax Mongolica | National Geographic Society. Education.nationalgeographic.org. https://education.nationalgeographic.org/resource/pax-mongolica/

National Geographic. (2023, October 19). Huang He Valley | National Geographic Society. Education.nationalgeographic.org. https://education.nationalgeographic.org/resource/huang-he-valley/

National Geographic Society. (2022a, May 20). Chinese Religions and Philosophies | National Geographic Society. Education.nationalgeographic.org; National Geographic Society. https://education.nationalgeographic.org/resource/chinese-religions-and-philosophies/

National Geographic Society. (2022b, May 20). The Silk Road. Education.nationalgeographic.org; National Geographic. https://education.nationalgeographic.org/resource/silk-road/

National Geographic Society. (2022c, October 27). The Art of War | National Geographic Society. Education.nationalgeographic.org. https://education.nationalgeographic.org/resource/art-war/

National Geographic Society. (2023a, October 19). Taoism. National Geographic. https://education.nationalgeographic.org/resource/taoism/

National Geographic Society. (2023b, November 2). Buddhism. Education.nationalgeographic.org; National Geographic. https://education.nationalgeographic.org/resource/buddhism/

National Geographic Society. (2024, March 6). Confucianism. National Geographic; National Geographic Society. https://education.nationalgeographic.org/resource/confucianism/

National Museum of Asian Art, Smithsonian Institution. (n.d.). Zhou Dynasty (c. 1050–221 B.C.E.), an introduction – Smarthistory. Smarthistory.org. https://smarthistory.org/zhou-dynasty-intro/

Neo Confucianism: Definition, Beliefs & Influence | StudySmarter. (n.d.). StudySmarter UK. Retrieved July 27, 2024, from https://www.studysmarter.co.uk/explanations/history/modern-world-history/neo-confucianism/#:~:text=Key%20points%20demonstrating%20the%20impact

Ng, R. M.-C. (2009). College and Character: What Did Confucius Teach Us About The Importance of Integrating Ethics, Character, Learning, and Education? Journal of College and Character, 10(4). https://doi.org/10.2202/1940-1639.1045

Northwestern Medicine. (n.d.). Traditional Chinese Medicine. Northwestern Medicine. Retrieved July 23, 2024, from https://www.nm.org/conditions-and-care-areas/integrative-medicine/traditional-chinese-medicine#:~:text=Originating%20over%205%2C000%20years%20ago

Origins of the Song Dynasty | World Civilization. (n.d.). Courses.lumenlearning.com. Retrieved July 10, 2024, from https://courses.lumenlearning.com/suny-hccc-worldcivilization/chapter/origins-of-the-song-dynasty/#:~:text=using%20a%20compass.-

Pang, K. (2022, January 4). The Spring and Autumn Period: Emerge of the Confucianism. China Highlights. https://www.chinahighlights.com/travelguide/china-history/spring-and-autumn-period.htm

Patterns of Modern Chinese History. (n.d.). Oxford University Press. https://global.oup.com/us/companion.websites/9780199946457/stud/ch1/Q1/

Peng, Dr. Y. (n.d.). The Forbidden City (article) | China. Khan Academy. https://www.khanacademy.org/humanities/ap-art-history/south-east-se-asia/china-art/a/forbidden-city#:~:text=The%20Forbidden%20City%20was%20the

Ph. D., H., J. D., U. of W. S. of L., & B. A., H. (2019a, July 22). Why Did Ming China End the Treasure Fleet Voyages? ThoughtCo. https://www.thoughtco.com/why-did-the-treasure-fleet-stop-195223

Ph. D., H., J. D., U. of W. S. of L., & B. A., H. (2019b, October 16). How Kublai Khan and the Mongols Invaded Japan. ThoughtCo. https://www.thoughtco.com/the-mongol-invasions-of-japan-195559#:~:text=The%20Mongol%20Invasions%20of%20Japan%20in%201274%20and%201281%20devastated

Pillalamarri, A. (2016, August 9). Revealed: The Truth About China's Legendary Xia Dynasty. Thediplomat.com. https://thediplomat.com/2016/08/revealed-the-truth-about-chinas-legendary-xia-dynasty/

Pimentel, N. (n.d.). The Silk Road | Quizizz. Quizizz.com. Retrieved July 20, 2024, from https://quizizz.com/admin/quiz/5ec7746d3c0bbd001bd1e890/the-silk-road

Png, J. (n.d.). Origins of Chinese Chess: Gen. Han Xin P.1. Xiangqi.com. Retrieved July 24, 2024, from https://www.xiangqi.com/articles/origins-of-xiangqi-chinese-chess-12-general-han-xin#:~:text=During%20the%20war%20to%20conquer

Poetics of Invention. (2024). Ou.edu. https://poeticsofinvention.ou.edu/rooms/imperial-exams#:~:text=The%20Chinese%20Imperial%20Examination%20System

Politics in China -Dynasties. (n.d.). Retrieved July 9, 2024, from https://mrtickler.weebly.com/uploads/5/4/3/8/54383485/fall_of_qin_dynasty_documents.pdf

Powell, E. (n.d.). Yuan Dynasty | 354 plays | Quizizz. Quizizz.com. Retrieved July 11, 2024, from https://quizizz.com/admin/quiz/5de19dba404fb7001c6585f8/yuan-dynasty?fromSearch=true&source=

primeo. (2022, October 6). Song Dynasty Architecture: Pagodas, Temples, Bridges & Tombs. Totally History. https://totallyhistory.com/song-dynasty-architecture/

Producing the Goods | Silk Roads Programme. (n.d.). En.unesco.org. https://en.unesco.org/silkroad/knowledge-bank/producing-goods

ProProfs Editorial Team . (n.d.). The Song Dynasty Quiz - Trivia & Questions. Www.proprofs.com. Retrieved July 10, 2024, from https://www.proprofs.com/quiz-school/story.php?title=song-dynasty-quiz

purl, C. (n.d.). xia dynasty | Quizizz. Quizizz.com. Retrieved July 4, 2024, from https://quizizz.com/admin/quiz/5c069768ccdf27001adc89d8/xia-dynasty

Qin Dynasty | 82 plays | Quizizz. (n.d.). Quizizz.com. Retrieved July 8, 2024, from https://quizizz.com/admin/quiz/5db83eacf4c8f9001b2af3d8/qin-dynasty

Qin Dynasty | Definition, Ruler & Legalism. (n.d.). Study.com. Retrieved July 9, 2024, from https://study.com/academy/lesson/the-qin-dynasty-in-china-the-great-wall-legalism.html#:~:text=and%20educate%20themselves.-,The%20legalism%20philosophy%20influenced%20Qin%20Shi%20Huangdi's%20rule%20by%20creating,such%20as%20the%20Zhou%20Dynasty.

Quan, C. (2024, January 3). The Forbidden City — Citadel of China's Last 24 Emperors. China Highlights. https://www.chinahighlights.com/beijing/forbidden-city/

Quiz: Ancient China - The Silk Road. (n.d.). Www.ducksters.com. https://www.ducksters.com/history/china/silk_road_questions.php

Rathke, A. (n.d.). Chinese Pottery Traditions. https://www.uwlax.edu/globalassets/offices-services/urc/jur-online/pdf/2001/a_rathke.pdf

READ: Confucianism (article). (n.d.). Khan Academy. https://www.khanacademy.org/humanities/whp-origins/era-3-cities-societies-and-empires-6000-bce-to-700-c-e/35-development-of-belief-systems-betaa/a/read-confucianism-beta#:~:text=Confucius%20believed%20that%20to%20restore

READ: Daoism (article). (n.d.). Khan Academy. https://www.khanacademy.org/humanities/whp-origins/era-3-cities-societies-and-empires-6000-bce-to-700-c-e/35-development-of-belief-systems-betaa/a/read-daoism-beta#:~:text=The%20Daoist%20community%20believes%20that

READ: Daoism (article) | Khan Academy. (2023). Khan Academy. https://www.khanacademy.org/humanities/whp-origins/era-3-cities-societies-and-empires-6000-bce-to-700-c-e/35-development-of-belief-systems-betaa/a/read-daoism-beta#:~:text=Daoists%20consider%20a%20Confucian%20emphasis

READ: Zhou and Qin Dynasty — China (article). (n.d.). Khan Academy. https://www.khanacademy.org/humanities/whp-origins/era-3-cities-societies-and-empires-6000-bce-to-700-c-e/36-the-growth-of-empires-betaa/a/read-zhou-and-qin-dynasty-china-beta#:~:text=China%20became%20increasingly%20chaotic%20as

Riley, A. (n.d.). The Silk Road | 8K plays | Quizizz. Quizizz.com. Retrieved July 20, 2024, from https://quizizz.com/admin/quiz/5ace60b2ab981b001bd8ddc1/the-silk-road

Rise of the Tang Dynasty | World Civilization. (2019). Lumenlearning.com. https://courses.lumenlearning.com/suny-hccc-worldcivilization/chapter/rise-of-the-tang-dynasty/

Rosemary. (2019, July 7). The History of Woodblock Printing. WNY Book Arts Center. https://wnybookarts.org/the-history-of-woodblock-printing/#:~:text=Well%2C%20the%20invention%20of%20woodblock

Samie, W. (2021, October 16). Xia Dynasty: The First of the Chinese Dynasties. TheCollector. https://www.thecollector.com/xia-dynasty-first-ancient-chinese-dynasty/

Segall, S. Z. (2024). Buddhism and Western Psychology. St Andrews Encyclopaedia of Theology. https://www.saet.ac.uk/Buddhism/BuddhismandWesternPsychology#:~:text=Despite%20these%20differences%20in%20vision

Seismology in Ancient China | Encyclopedia.com. (n.d.). Www.encyclopedia.com. https://www.encyclopedia.com/science/encyclopedias-almanacs-transcripts-and-maps/seismology-ancient-china#:~:text=Little%20wonder%2C%20then%20that%20scientists

Shades of Blue: Subtle Differences in Chinese Blue-and-White Porcelain. (2019, February 4). Christies.com; Christie's. https://www.christies.com/en/stories/shades-of-blue-subtle-differences-in-chinese-blue-and-white-porcelain-775ffe5d69b54ed08e65ac8a625a1287

Shan, J. (2020, February 3). What Do Yin and Yang Represent? ThoughtCo. https://www.thoughtco.com/yin-and-yang-629214

Shang Dynasty | 399 plays | Quizizz. (n.d.). Quizizz.com. Retrieved July 4, 2024, from https://quizizz.com/admin/quiz/5891e16b801a1505270fe310/shang-dynasty

Shang Dynasty civilization (article). (n.d.). Khan Academy. https://www.khanacademy.org/humanities/world-history/world-history-beginnings/shang-dynasty-china/a/shang-dynasty-article#:~:text=Bronze%20swords%20and%20spearheads%20were

Shang Dynasty Ritual Bronze Vessels. (2016). Khan Academy. https://www.khanacademy.org/humanities/art-asia/imperial-china/shang-dynasty/a/shang-dynasty-ritual-bronze-vessels

Shaw, S. (n.d.). Quizizz — The world's most engaging learning platform. Quizizz.com. Retrieved July 11, 2024, from https://quizizz.com/admin/quiz/5c104a0d734fb5001a351438/yuan-dynasty?fromSearch=true&source=

Shears, E. (2023, December 6). The Splendid Artistry of Ancient Xia Dynasty Pottery – Artabys. Artabys. https://artabys.com/the-splendid-artistry-of-ancient-xia-dynasty-pottery/#:~:text=Xia%20dynasty%20pottery%20(2070%2D1600

Silk Road Worksheet. (n.d.). Retrieved July 20, 2024, from https://www.cloverleaflocal.org/Downloads/Silk%20Road%20Worksheet.pdf

Singh Kalakoti, V. (n.d.). Finding Flow State: The Wisdom of Taoism. Www.linkedin.com. https://www.linkedin.com/pulse/finding-flow-state-wisdom-taoism-vivek-singh-kalakoti/

Singh, S. (2023, October 30). The Mongol Empire: Kublai Khan's Impact on China. Owlcation. https://owlcation.com/humanities/The-Mongols-Kublai-Khans-Impact-on-China#:~:text=He%20reformed%20China

Smith, S. (2023). Top 10 facts about the Terracotta Warriors. National Museums Liverpool; Scott Smith. https://www.liverpoolmuseums.org.uk/stories/top-10-facts-about-terracotta-warriors

Smithsonian's National Museum of Asian Art. (n.d.). Yuan dynasty, an introduction (article). Khan Academy. https://www.khanacademy.org/humanities/art-asia/imperial-china/yuan-dynasty/a/yuan-dynasty-an-introduction#:~:text=They%20abandoned%20naturalism%20in%20favor

Society Under the Zhou Dynasty | World Civilization. (n.d.). Courses.lumenlearning.com. https://courses.lumenlearning.com/suny-hccc-worldcivilization/chapter/society-under-the-zhou-dynasty/#:~:text=Delegating%20regional%20control%20in%20this

Song Dynasty (960-1279): Chinese History, Art & Facts. (2024, March 5). GeeksforGeeks. https://www.geeksforgeeks.org/song-dynasty-960-1279/

Song Dynasty Established in China. (n.d.). Education.nationalgeographic.org. https://education.nationalgeographic.org/resource/song-dynasty-established-china/

Song, C. (2014). Silk Road Facts — 12 Things You Should Know. China Highlights. https://www.chinahighlights.com/silkroad/silkroad-facts.htm

Stokes Brown, C. (n.d.). Marco Polo (article). Khan Academy. https://www.khanacademy.org/humanities/big-history-project/expansion-interconnection/exploration-interconnection/a/marco-polo

Szczepanski, K. (n.d.-a). Learn More About China's Mythical 3 Sovereigns and 5 Emperors. ThoughtCo. https://www.thoughtco.com/chinas-three-sovereigns-and-five-emperors-195258#:~:text=Again%20according%20to%20Sima%20Qian

Szczepanski, K. (n.d.-b). Zheng He's Huge Treasure Ships. ThoughtCo. https://www.thoughtco.com/zheng-hes-treasure-ships-195235#:~:text=Incredibly%2C%20the%20largest%20ships%20in

Szczepanski, K. (2013, May 22). Effects of the Mongol Empire on Europe. ThoughtCo; ThoughtCo. https://www.thoughtco.com/mongols-effect-on-europe-195621

Tang And Song Dynasties Quiz - Trivia & Questions. (n.d.). Www.proprofs.com. Retrieved July 9, 2024, from

https://www.proprofs.com/quiz-school/story.php?title=3dq-tang-and-song-dynasty-quiz

tang dynasty. (n.d.). Https://Quizlet.com/. Retrieved July 10, 2024, from https://quizlet.com/11577383/tang-dynasty-flash-cards/

Tang Dynasty | Quizizz. (n.d.). Quizizz.com. Retrieved July 9, 2024, from https://quizizz.com/admin/quiz/58bf3db32f772c1d1826ec0d/tang-dynasty

Tang, C. (2019). Yu Yuan — a Garden Oasis in the Center of Shanghai's Old City. China Highlights. https://www.chinahighlights.com/shanghai/attraction/yuyuan-garden.htm

Tavor, O. (n.d.). Ancestor Worship. Obo. https://www.oxfordbibliographies.com/display/document/obo-9780199920082/obo-9780199920082-0171.xml#:~:text=Ancestor%20worship%20refers%20to%20rituals

Team, D. (2023, July 27). Confucian Principles in Chinese Painting: Beginner's Guide. Daisie Blog. https://blog.daisie.com/confucian-principles-in-chinese-painting-beginners-guide/#:~:text=Confucianism%20considers%20art%20as%20a

Terry, W. (2021, April 25). What Is Karma, Really? Yoga Journal. https://www.yogajournal.com/yoga-101/what-is-karma-really/

Thagard , P. (2013, July 11). Karma—What Goes Around Comes Around? | Psychology Today. Www.psychologytoday.com. https://www.psychologytoday.com/intl/blog/hot-thought/201307/karma-what-goes-around-comes-around

The British Museum. (n.d.). Imperial China, an introduction – Smarthistory. Smarthistory.org. https://smarthistory.org/imperial-china-an-introduction/

The concept of Dhamma (Dharma) - Dhamma in Buddhism - GCSE Religious Studies Revision - AQA. (n.d.). BBC Bitesize. https://www.bbc.co.uk/bitesize/guides/zr7ck2p/revision/1#:~:text=Dhamma%20means%20

The Eastern Zhou Period | World Civilization. (n.d.). Courses.lumenlearning.com. https://courses.lumenlearning.com/suny-hccc-worldcivilization/chapter/the-eastern-zhou-period/#:~:text=The%20Spring%20and%20Autumn%20Period%20of%20Eastern%20Zhou&text=This%20period%20lasted%20from%20about

The Editors of Encyclopedia Britannica. (2019). Forbidden City | History, Facts, & Map. In Encyclopædia Britannica. https://www.britannica.com/topic/Forbidden-City

The First Emperor of China Destroys Most Records of the Past Along with 460, or More, Scholars : History of Information. (n.d.). Www.historyofinformation.com.

https://www.historyofinformation.com/detail.php?id=2491#:~:text=%22Qin%20Shi%20Huang%20burned%20the

The Han Dynasty | 193 plays | Quizizz. (n.d.). Quizizz.com. Retrieved July 8, 2024, from https://quizizz.com/admin/quiz/5e32f9f022c7ab001ba973e4/the-han-dynasty

The Mandate of Heaven | World Civilization. (n.d.). Courses.lumenlearning.com. https://courses.lumenlearning.com/suny-hccc-worldcivilization/chapter/the-mandate-of-heaven/#:~:text=In%201046%20BCE%2C%20the%20Shang

The Metropolitan Museum of Art. (2019). Yuan Dynasty (1271–1368). Metmuseum.org. https://www.metmuseum.org/toah/hd/yuan/hd_yuan.htm

The Ming Dynasty | 1.1K plays | Quizizz. (n.d.). Quizizz.com. Retrieved July 16, 2024, from https://quizizz.com/admin/quiz/5c017b6316ab1a001a5a003d/the-ming-dynasty

The Mongol Dynasty. (n.d.). Asia Society. https://asiasociety.org/education/mongol-dynasty#:~:text=Although%20Kublai%20Khan%20tried%20to

The Qin Dynasty | 883 plays | Quizizz. (n.d.). Quizizz.com. Retrieved July 9, 2024, from https://quizizz.com/admin/quiz/56afeb01e31f46a2055e97f8/the-qin-dynasty

The Qin Dynasty | World Civilization. (n.d.). Courses.lumenlearning.com. https://courses.lumenlearning.com/suny-hccc-worldcivilization/chapter/the-qin-dynasty/#:~:text=Collapse%20of%20the%20Qin%20Dynasty&text=The%20First%20Emperor

The Role Of The Great Wall In Protecting The Silk Road. (n.d.). FasterCapital. Retrieved July 21, 2024, from https://fastercapital.com/topics/the-role-of-the-great-wall-in-protecting-the-silk-road.html

The Song Dynasty in China | Asia for Educators. (n.d.-a). Afe.easia.columbia.edu. https://afe.easia.columbia.edu/songdynasty-module/econ-rev-commercial.html

The Song Dynasty in China | Asia for Educators. (n.d.-b). Afe.easia.columbia.edu. https://afe.easia.columbia.edu/songdynasty-module/confucian-neo.html#:~:text=The%20revived%20Confucianism%20of%20the

The Song Dynasty in China | Asia for Educators. (n.d.-c). Afe.easia.columbia.edu. https://afe.easia.columbia.edu/songdynasty-module/tech-gunpowder.html#:~:text=Technological%20Advances%20during%20the%20Song&text=Song%20military%20engineers%20found%20gunpowder

The Song Dynasty in China | Asia for Educators. (n.d.-d). Afe.easia.columbia.edu. https://afe.easia.columbia.edu/songdynasty-module/econ-rev-money.html

The Xia Dynasty | Early World Civilizations. (n.d.). Courses.lumenlearning.com. Retrieved July 3, 2024, from https://courses.lumenlearning.com/atd-herkimer-worldcivilization/chapter/the-xia-dynasty/#:~:text=Debate%20Over%20the%20Existence%20of

The Yuan Dynasty. (n.d.). Quizlet. Retrieved July 15, 2024, from https://quizlet.com/678087980/the-yuan-dynasty-flash-cards/

The Yuan Dynasty | Boundless World History. (n.d.). Courses.lumenlearning.com. https://courses.lumenlearning.com/tc3-boundless-worldhistory/chapter/the-yuan-dynasty/

The Zhou Dynasty. (2016, May 11). Nettelhorst. https://nettelhorst.org/ourpages/auto/2016/5/11/46419989/The%20Zhou%20Dynasty.pdf

The Zhou Dynasty | World Civilizations I (HIS101) – Biel. (n.d.). Courses.lumenlearning.com. Retrieved July 5, 2024, from https://courses.lumenlearning.com/suny-fmcc-boundless-worldhistory/chapter/the-zhou-dynasty/#:~:text=crossbow%3A%20A%20mechanised%20weapon%2C%20based

Theobald, U. (n.d.). Yuan Dynasty - Political System (www.chinaknowledge.de). Www.chinaknowledge.de. http://www.chinaknowledge.de/History/Yuan/yuan-admin.html#:~:text=Each%20%22province%22%20was%20governed%20by

Theobald, U. (2016, March 19). Ming-Period Economy (www.chinaknowledge.de). Www.chinaknowledge.de. http://www.chinaknowledge.de/History/Ming/ming-econ.html#:~:text=The%20Ming%20government%20thus%20started

Theobald, U. (2018, September 25). Zhou Period Religion (www.chinaknowledge.de). Www.chinaknowledge.de. http://www.chinaknowledge.de/History/Zhou/zhou-religion.html

Things to Do in Quanzhou, UNESCO World Cultural Heritage City_ News_ 福建省人民政府门户网站. (2024, January 31). Www.fujian.gov.cn. https://www.fujian.gov.cn/english/news/202402/t20240207_6393886.htm#:~:text=Quanzhou%2C%20a%20coastal%20city%20in

Top 20 Ancient Chinese Inventions. (n.d.). In https://china.usc.edu/sites/default/files/forums/Chinese%20Inventions.pdf. https://china.usc.edu/sites/default/files/forums/Chinese%20Inventions.pdf

Trade and Currency under the Yuan | World Civilization. (n.d.). Courses.lumenlearning.com. https://courses.lumenlearning.com/suny-hccc-

worldcivilization/chapter/trade-and-currency-under-the-
yuan/#:~:text=Kublai%20Khan%20promoted%20commercial%2C%20scientific

Trueblood, B. (n.d.). Zhou Dynasty (L2) | 99 plays | Quizizz. Quizizz.com.
Retrieved July 5, 2024, from
https://quizizz.com/admin/quiz/5f4aa405636a38001bfa4f36/zhou-
dynasty?fromSearch=true&source=

Ulrich Theobald. (2020). Song Empire Government, Administration, and Law
(www.chinaknowledge.de). Chinaknowledge.de; Ulrich Theobald.
http://www.chinaknowledge.de/History/Song/song-admin.html

UMBRELLA. (n.d.). YONG ZHEN. Retrieved July 24, 2024, from
https://www.tsw.com.tw/en/about-
as#:~:text=According%20to%20legend%2C%20the%20first

UNESCO. (n.d.). Did you know?: The Spread of Buddhism in South and
Southeast Asia through the Trade Routes | Silk Roads Programme.
En.unesco.org. https://en.unesco.org/silkroad/content/did-you-know-spread-
buddhism-south-and-southeast-asia-through-trade-routes

UNESCO - Kun Qu opera. (n.d.). Ich.unesco.org. Retrieved July 26, 2024, from
https://ich.unesco.org/en/RL/kun-qu-opera-
00004#:~:text=Kun%20Qu%20Opera%20developed%20under

van Schaik, S. (2016, July 12). What Goes Around Comes Around: Our Faith in
Karma. Yale University Press. https://yalebooks.yale.edu/2016/07/12/what-goes-
around-comes-around-our-faith-in-karma/#:~:text=The%20Buddha

Wang, C., & Madson, N. (2013). Confucius - an overview | ScienceDirect
Topics. Www.sciencedirect.com.
https://www.sciencedirect.com/topics/psychology/confucius#:~:text=Within%20C
onfucianism%20there%20are%20five

Wang, V. (2016, January 28). 10 Unique Chinese Expressions You Need To
Know. Culture Trip. https://theculturetrip.com/asia/china/articles/10-unique-
chinese-expressions-you-need-to-
know#:~:text=s%C3%A0o%20zh%C7%92u%20x%C4%ABng%20(%E6%89%AB
%E5%B8%9A%E6%98%9F)%3A%20%E2%80%9Cbroom%20star%E2%80%9D
&text=The%20long%2C%20trailing%20tail%20of

Watts, A., & Heidegger, M. (n.d.). Laozi Facts for Kids. Kids.kiddle.co.
https://kids.kiddle.co/Laozi

Webquest and test printout for Ancient China - Xia Dynasty quiz. Printer
friendly version. (n.d.). Www.ducksters.com. Retrieved July 4, 2024, from
https://www.ducksters.com/history/china/xia_dynasty_print.php

What are oracle bones? (n.d.). BBC Bitesize. Retrieved July 4, 2024, from
https://www.bbc.co.uk/bitesize/articles/zsm6qhv#z64f3j6

What are the characteristics of Song Dynasty paintings? | 5 Answers from Research papers. (n.d.). SciSpace - Question. Retrieved July 10, 2024, from https://typeset.io/questions/what-are-the-characteristics-of-song-dynasty-paintings-1k1mvkaq17

What did the Zhou Dynasty trade? (n.d.). Study.com. Retrieved July 7, 2024, from https://homework.study.com/explanation/what-did-the-zhou-dynasty-trade.html#:~:text=The%20Zhou%20dynasty%20traded%20within,the%20earliest%20dynasties%20of%20China.

What does Buddhism teach about the environment? - The world - GCSE Religious Studies Revision - WJEC. (n.d.). BBC Bitesize. https://www.bbc.co.uk/bitesize/guides/zc9bh39/revision/3#:~:text=For%20many%20Buddhists%2C%20the%20guiding

What weapons were used in the Western Zhou Dynasty? (n.d.). Study.com. Retrieved July 8, 2024, from https://homework.study.com/explanation/what-weapons-were-used-in-the-western-zhou-dynasty.html#:~:text=The%20Western%20Zhou%20Dynasty%20(c,%2C%20shields%2C%20and%20war%20chariots.

Whipps, H. (2008, April 6). How Gunpowder Changed the World. Live Science; Live Science. https://www.livescience.com/7476-gunpowder-changed-world.html

Who did the Shang people pray to? (n.d.). BBC Bitesize. https://www.bbc.co.uk/bitesize/articles/zc6h2nb#z7w33j6

Why was the Han dynasty a golden age? (n.d.). Study.com. Retrieved July 8, 2024, from https://homework.study.com/explanation/why-was-the-han-dynasty-a-golden-age.html

Why was the Zhou Dynasty in China so long lived? (n.d.). Study.com. Retrieved July 6, 2024, from https://homework.study.com/explanation/why-was-the-zhou-dynasty-in-china-so-long-lived.html#:~:text=That%20these%20many%20periods%20amalgamated,to%20a%20degree%20of%20stability.

Yellow River | Facts, Location & History. (n.d.). Study.com. Retrieved July 4, 2024, from https://study.com/learn/lesson/yellow-river-location-facts.html#:~:text=The%20Yellow%20River%20has%20many,second%2Dlargest%20river%20in%20China.

yin and yang. (n.d.). Britannica Kids. https://kids.britannica.com/students/article/yin-and-yang/277845#:~:text=Yin%20and%20yang%20mean%20literally

YU Garden – A Must-see Attraction in Shanghai – G-MEO. (n.d.). Gmeo China. Retrieved July 26, 2024, from https://www.gmeochina.com/students/why-study-in-china/chinese-culture/yu-garden-a-must-see-attraction-in-

shanghai/#:~:text=Yu%20Garden%20(Chinese%3A%20%E8%B1%AB%E5%9B
%AD%20Y%C3%B9

yuan dynasty. (n.d.). Www.fordlibrarymuseum.gov.
https://www.fordlibrarymuseum.gov/museum/exhibits/china_exhibit/yuan.htm#:
~:text=The%20native%20people%20were%20relegated

Yuan dynasty, an introduction (article). (n.d.). Khan Academy.
https://www.khanacademy.org/humanities/art-asia/imperial-china/yuan-
dynasty/a/yuan-dynasty-an-
introduction#:~:text=Landscape%20painting%20became%20unprecedentedly%2
0popular

Yuan Dynasty and Kublai Khan Quiz. (n.d.). Quizgecko.com. Retrieved July 15,
2024, from https://quizgecko.com/learn/yuan-dynasty-and-kublai-khan-quiz-
wgfrrk

Yuan Dynasty History. (n.d.). Quizgecko.com. Retrieved July 15, 2024, from
https://quizgecko.com/learn/yuan-dynasty-history-xszccy

Yun, L. (2021, December 30). Bi Sheng, the Inventor of Movable Type-Experts
in China-EnglishChannel. M.stdaily.com.
http://m.stdaily.com/English/Service/2021-12/30/content_1243122.shtml

Yuting, S. (2019, May 21). Taoism emphasizes harmony between humanity and
nature. News.cgtn.com.
https://news.cgtn.com/news/3d3d674d7a45444f34457a6333566d54/index.html

Yuyuan Garden Shanghai, Yuyuan Garden Guide. (n.d.).
Www.visitourchina.com.
https://www.visitourchina.com/shanghai/attraction/yuyuan-garden.html

Zaju | Chinese theatre. (n.d.). Encyclopedia Britannica.
https://www.britannica.com/art/zaju

Zheng, N. (n.d.). Chinese Traditional Etiquette Customs.
Www.chinaculturetour.com. Retrieved July 25, 2024, from
https://www.chinaculturetour.com/culture/etiquette-
customs.htm#:~:text=Beginning%20in%20the%20Western%20Dynasty

Zhengkun, G. (n.d.). Dao De Jing and Western Science. FutureLearn.
https://www.futurelearn.com/info/courses/taoism-and-western-
culture/0/steps/84284#:~:text=Taoist%20alchemy%20paved%20the%20way

Zhihua Temple | Attractions. (n.d.). Lonely Planet. Retrieved July 26, 2024,
from https://www.lonelyplanet.com/china/beijing/forbidden-city-and-dongcheng-
central/attractions/zhihua-temple/a/poi-sig/368867/1333763

Zhou Dynasty & the Mandate of Heaven. (n.d.). Study.com. Retrieved July 7,
2024, from https://study.com/academy/lesson/zhou-dynasty-government-
economy.html#:~:text=The%20Zhou%20Dynasty%20ended%20when,the%20co
nfidence%20of%20its%20people.

周冰. (n.d.). Experts find more from Xia Dynasty dig. Www.chinadaily.com.cn. Retrieved July 4, 2024, from https://www.chinadaily.com.cn/a/202312/28/WS658cc841a31040ac301a9e07.html#:~:text=The%20remains%20of%20a%20palace

Zuñiga, E. (n.d.). Ancient China: Daily life | Quizizz. Quizizz.com. Retrieved July 17, 2024, from https://quizizz.com/admin/quiz/5eb46cfdb74f26001be23897/ancient-china-daily-life

Referencias de imágenes

[1] *BrokenSphere, CC BY 3.0 <https://creativecommons.org/licenses/by/3.0>, vía Wikimedia Commons: https://commons.wikimedia.org/wiki/File:Mid_Shang_wine_vessel_SM.JPG*

[2] *Gary Todd, CC0, vía Wikimedia Commons: https://commons.wikimedia.org/wiki/File:Shang_Chariot_Burial_20.jpg*

[3] *https://commons.wikimedia.org/wiki/File:King_Tang_of_Shang.jpg*

[4] *Gary Todd, CC0, vía Wikimedia Commons: https://commons.wikimedia.org/wiki/File:Ancient_Chinese_Writing_on_Ox_Scapula,_Shang_Dynasty_Oracle_Bone,_Yinxu.jpg*

[5] *Gary Lee Todd, CC BY-SA 4.0 <https://creativecommons.org/licenses/by-sa/4.0>, vía Wikimedia Commons: https://commons.wikimedia.org/wiki/File:Xia_Dynasty_pottery_jar.jpg*

[6] *Gary Todd de Xinzheng, China, CC0, vía Wikimedia Commons: https://commons.wikimedia.org/wiki/File:Shang_Bronze_Helmet_(30762857384).jpg*

[7] *Gary Todd, CC0, vía Wikimedia Commons: https://commons.wikimedia.org/wiki/File:Shang_Bone_Artifacts,_Spearheads,_Harpoon,_etc.jpg*

[8] *Gary Lee Todd, Ph.D., CC0, vía Wikimedia Commons: https://commons.wikimedia.org/wiki/File:Shang_Jade_Ring_01.jpg*

[9] *Gary Lee Todd, Ph.D., CC0, vía Wikimedia Commons: https://commons.wikimedia.org/wiki/File:006_Xia_or_Shang_Stone_Cowrie_Money.jpg*

[10] *desvanecimiento, CC BY-SA 3.0 <https://creativecommons.org/licenses/by-sa/3.0>, vía Wikimedia Commons: https://commons.wikimedia.org/wiki/File:Yellow_River_-_panoramio.jpg*

[11] *https://commons.wikimedia.org/wiki/File:King_Wu_of_Zhou_Dynasty.jpg*

[12] *Gary Todd de Xinzheng, China, CC0, vía Wikimedia Commons: https://commons.wikimedia.org/wiki/File:Northern_Zhou_Ancient_Chinese_Coins_(15872675100).jpg*

[13] *Gary Todd de Xinzheng, China, CC0, vía Wikimedia Commons:*
https://commons.wikimedia.org/wiki/File:Western_Zhou_Bronze_Mao_(Spear)_(9925396204).jpg

[14] *Mx. Granger, CC0, vía Wikimedia Commons:*
https://commons.wikimedia.org/wiki/File:Statue_of_Confucius_at_Beijing_temple.JPG

[15] *Mary Harrsch, CC BY-SA 4.0 <https://creativecommons.org/licenses/by-sa/4.0>, vía Wikimedia*
*Commons: https://commons.wikimedia.org/wiki/File:Jar_(guan)_ceramic_*
stoneware_Warring_States_period_(475-221_BCE_Zhou_Dynasty_(1046-
256_BCE)_Zhejiang_Province_China.jpg

[16] *Gary Todd, CC0, vía Wikimedia Commons:*
https://commons.wikimedia.org/wiki/File:Western_Zhou_Iron_Sword_with_Jade_Handle.jpg

[17] *Thanato, CC BY-SA 3.0 <https://creativecommons.org/licenses/by-sa/3.0>, vía Wikimedia*
Commons: https://commons.wikimedia.org/wiki/File:Laozi_002.jpg

[18] *Gary Todd, CC0, vía Wikimedia Commons: https://commons.wikimedia.org/wiki/File:Middle_*
Western_Zhou_Bronze_%22Li%22_Zun_inscriptions.jpg

[19] *Huangdan2060, CC0, vía Wikimedia Commons: https://commons.wikimedia.org/wiki/*
File:Bronze_helmet,_Warring_States_period,_Henan_Museum.jpg

[20] *Gary Lee Todd, Ph.D., CC0, vía Wikimedia Commons*
https://commons.wikimedia.org/wiki/File:Western_Zhou_Jade_13.jpg

[21] *Gary Lee Todd, Ph.D., CC0, vía Wikimedia Commons:*
https://commons.wikimedia.org/wiki/File:Qin_Terracotta_Warriors_09.jpg

[22] *Foto de CEphoto, Uwe Aranas:*
https://commons.wikimedia.org/wiki/File:Xian_China_Terracotta-Army-Museum-04.jpg

[23] *https://commons.wikimedia.org/wiki/File:Qinshihuang.jpg*

[24] *Jakub Hałun, CC BY-SA 3.0 <https://creativecommons.org/licenses/by-sa/3.0>, vía Wikimedia*
Commons: https://commons.wikimedia.org/wiki/File:20090529_Great_Wall_8185.jpg

[25] *https://commons.wikimedia.org/wiki/File:Liu-bang.jpg*

[26] *Neil Satyam, CC BY-SA 3.0 <https://creativecommons.org/licenses/by-sa/3.0>, vía Wikimedia*
Commons: https://commons.wikimedia.org/wiki/File:80_feet_Buddha_Statue_-_panoramio_(4).jpg

[27] *https://commons.wikimedia.org/wiki/File:Fresco_of_a_Horseman_from_a_*
Han_Dynasty_Tomb_in_Sian,_Shensi.jpg

[28] *Usuario: Captmondo, CC BY-SA 3.0 <http://creativecommons.org/licenses/by-sa/3.0/>, vía*
Wikimedia Commons: https://commons.wikimedia.org/wiki/File:QueenMotherOfTheWest-
Earthenware-EasternHanDynasty-ROM-May8-08.png

[29] *Gary Todd, CC0, vía Wikimedia Commons:*
https://commons.wikimedia.org/wiki/File:Eastern_Han_Pottery_Tower_-_2a.jpg

[30] *Gary Todd de Xinzheng, China, CC0, vía Wikimedia Commons:*
https://commons.wikimedia.org/wiki/File:Western_Han_Bronze_%26_Gold_Chariot_Ornament_(
10129135603).jpg

---

[31] *Gary Todd, CC0, vía Wikimedia Commons:*
https://commons.wikimedia.org/wiki/File:Tang_Dynasty_Amitabha_Buddha.jpg

[32] *https://commons.wikimedia.org/wiki/File:A_Tang_poem_in_praise_of_chrysanthemums.jpg*

[33] *Gary Todd, CC0, vía Wikimedia Commons:*
https://commons.wikimedia.org/wiki/File:Tang_White_Porcelain_Lampstand.jpg

[34] *Usuario de Flickr Gary Todd, CC BY-SA 4.0 <https://creativecommons.org/licenses/by-sa/4.0>,*
vía Wikimedia Commons: https://commons.wikimedia.org/wiki/File:Tang_Silk_Painting_02.jpg

[35] *Gary Todd de Xinzheng, China, CC0, vía Wikimedia Commons:*
https://commons.wikimedia.org/wiki/File:Tang_Sancai_Glazed_Porcelain_Camel_(10233931985).j
pg

[36] *Wmpearl, CC0, vía Wikimedia Commons:*
https://commons.wikimedia.org/wiki/File:Military_figures,_Northern_Song_dynasty,_11th_century,
_Lowe_Art_Museum.JPG

[37] *https://commons.wikimedia.org/wiki/File:Sitting_Portrait_of_Song_Dynasty_Empress_Xiang.jpg*

[38] *Gary Todd, CC0, vía Wikimedia Commons:*
https://commons.wikimedia.org/wiki/File:Grave_Offerings_5_-
_Tang_Sancai_Porcelain_Horse_%26_Attendant.jpg

[39] *John E. Sandrock, Dominio público, vía Wikimedia Commons:*
https://commons.wikimedia.org/wiki/File:Hue-tzu_(Song_Dynasty_government_issue),_1023_-
_John_E._Sandrock.jpg

[40] *Gary Lee Todd, CC BY-SA 4.0 <https://creativecommons.org/licenses/by-sa/4.0>, vía Wikimedia*
Commons: https://commons.wikimedia.org/wiki/File:Song_Dynasty_porcelain_pillow2.JPG

[41] *INTERFOTO/Fine Arts, CC BY-SA 4.0 <https://creativecommons.org/licenses/by-sa/4.0>, vía*
Wikimedia Commons:
https://commons.wikimedia.org/wiki/File:Yuan_Dynasty_Military_Banners.jpg

[42] *https://commons.wikimedia.org/wiki/File:YuanEmperorAlbumKhubilaiPortrait.jpg*

[43] *https://commons.wikimedia.org/wiki/File:Marco_Polo_Mosaic_from_Palazzo_Tursi.jpg*

[44] *Mary Harrsch, CC BY-SA 4.0 <https://creativecommons.org/licenses/by-sa/4.0>, vía Wikimedia*
Commons: https://commons.wikimedia.org/wiki/File:Glazed_porcelain_sculpture_of
_seated_bodhisattva_probably_14th_century_CE_Yuan_Dynasty_(1279-
1368_CE)_Jiangxi_Province_China.jpg

[45] *Gary Todd, CC0, vía Wikimedia Commons:*
https://commons.wikimedia.org/wiki/File:Yuan_Paper_Currency.jpg

[46] *Mary Harrsch, CC BY-SA 4.0 <https://creativecommons.org/licenses/by-sa/4.0>, vía Wikimedia*
Commons: https://commons.wikimedia.org/wiki/File:Guanyin_(Avalokiteshvara)_Yuan-
early_Ming_dynasty_late_14th_century_CE.jpg

[47] *Gary Todd, CC0, vía Wikimedia Commons:*
https://commons.wikimedia.org/wiki/File:Yuan_Bronze_Cannon.jpg

[48] *John Hill, CC BY-SA 3.0 <https://creativecommons.org/licenses/by-sa/3.0>, vía Wikimedia Commons: https://commons.wikimedia.org/wiki/File:Brown-glazed_Jar_with_Design_of_Three_Fish,_Yuan_Dynasty,_Excavated_from_Hancheng_City.jpg*

[49] *BossGavinV, CC BY-SA 4.0 <https://creativecommons.org/licenses/by-sa/4.0>, vía Wikimedia Commons: https://commons.wikimedia.org/wiki/File:Flag_of_The_Mongol_Empire_3.png*

[50] *Gary Todd, CC0, vía Wikimedia Commons: https://commons.wikimedia.org/wiki/File:Yuan_Jade_Belt_Hook.jpg*

[51] *Cattette, CC BY 4.0 <https://creativecommons.org/licenses/by/4.0>, vía Wikimedia Commons: https://commons.wikimedia.org/wiki/File:Yuan_Dynasty_revised.png*

[52] *https://commons.wikimedia.org/wiki/File:%E6%98%8E%E5%A4%AA%E7%A5%96%E7%94%BB%E5%83%8F.jpg*

[53] *Patrick20242023, CC BY-SA 4.0 <https://creativecommons.org/licenses/by-sa/4.0>, vía Wikimedia Commons: https://commons.wikimedia.org/wiki/File:%E8%BE%B9%E9%9D%96%E6%A5%BC%E5%8C%97%E9%9D%A2.jpg*

[54] *J Aaron Farr, CC BY 2.0 <https://creativecommons.org/licenses/by/2.0>, vía Wikimedia Commons: https://commons.wikimedia.org/wiki/File:Beijing_Ming_City_Wall_Bastion.jpg*

[55] *Steve46814, CC BY-SA 4.0 <https://creativecommons.org/licenses/by-sa/4.0>, vía Wikimedia Commons: https://commons.wikimedia.org/wiki/File:Beijing_Ancient_Observatory_5.jpg*

[56] *Gary Todd de Xinzheng, China, CC0, vía Wikimedia Commons: https://commons.wikimedia.org/wiki/File:Zheng_He_Treasure_Ship_(15832736462).jpg*

[57] *User:kallgan, CC BY-SA 3.0 <http://creativecommons.org/licenses/by-sa/3.0/>, vía Wikimedia Commons: https://commons.wikimedia.org/wiki/File:Sunset_of_the_Forbidden_City_2006.JPG*

[58] *Stefan Fussan, CC BY-SA 3.0 <https://creativecommons.org/licenses/by-sa/3.0>, vía Wikimedia Commons: https://commons.wikimedia.org/wiki/File:Shanghai_-_Yu_Garden_-_0035.jpg*

[59] *Hugh Llewelyn de Keynsham, Reino Unido, CC BY-SA 2.0 <https://creativecommons.org/licenses/by-sa/2.0>, vía Wikimedia Commons: https://commons.wikimedia.org/wiki/File:The_Thirteen_Tombs_of_the_Ming_Dynasty,_Beijing_(50601402452).jpg*

[60] *danmairen, CC BY-SA 3.0 <https://creativecommons.org/licenses/by-sa/3.0>, vía Wikimedia Commons: https://commons.wikimedia.org/wiki/File:Zhihua_Temple_-_panoramio_-_danmairen_(2).jpg*

[61] *钉钉, CC BY-SA 4.0 <https://creativecommons.org/licenses/by-sa/4.0>, vía Wikimedia Commons: https://commons.wikimedia.org/wiki/File:Great_Bao%27en_Temple,_Nanjing.jpg*

[62] *Museo de Arte de Cleveland, CC0, vía Wikimedia Commons: https://commons.wikimedia.org/wiki/File:Northern_China,_Liao_dynasty_-_Pair_of_Boots_-_1993.158_-_Cleveland_Museum_of_Art.tif*

[63] *User:PericlesofAthens, CC BY-SA 4.0 <https://creativecommons.org/licenses/by-sa/4.0>, vía Wikimedia Commons: https://commons.wikimedia.org/wiki/File:Earthenware_figures_playing_liubo,_Han_Dynasty.JPG*

[64] Jaki4594, CC BY-SA 3.0 <https://creativecommons.org/licenses/by-sa/3.0>, vía Wikimedia Commons: https://commons.wikimedia.org/wiki/File:A_small_house_with_ancient_chinese_architecture.jpg

[65] Gary Todd, CC0, vía Wikimedia Commons: https://commons.wikimedia.org/wiki/File:Chinese_Wedding_Procession_2.jpg

[66] Thomas Quine, CC BY 2.0 <https://creativecommons.org/licenses/by/2.0>, vía Wikimedia Commons: https://commons.wikimedia.org/wiki/File:Funeral_litter_found_in_ancient_Chinese_tomb_(46801607464).jpg

[67] https://commons.wikimedia.org/wiki/File:The_four_classes_of_society_by_Ozawa_Nankoku.jpeg

[68] mararie de Brookline, Estados Unidos, CC BY-SA 2.0 <https://creativecommons.org/licenses/by-sa/2.0>, vía Wikimedia Commons: https://commons.wikimedia.org/wiki/File:Ancient_glass_chinese_chess_set_(5051064592).jpg

[69] es:user: Kowloonese, CC BY-SA 3.0 <http://creativecommons.org/licenses/by-sa/3.0/>, vía Wikimedia Commons: https://commons.wikimedia.org/wiki/File:EastHanSeismograph.JPG

[70] Gary Todd de Xinzheng, China, CC0, vía Wikimedia Commons: https://commons.wikimedia.org/wiki/File:Arrows_with_Gunpowder_(9884447845).jpg

[71] Oto Zapletal, CC BY 4.0 <https://creativecommons.org/licenses/by/4.0>, vía Wikimedia Commons: https://commons.wikimedia.org/wiki/File:Two_wheelbarrows.jpg

[72] DLG Images, CC BY 2.0 <https://creativecommons.org/licenses/by/2.0>, vía Wikimedia Commons: https://commons.wikimedia.org/wiki/File:Red_Umbrella_1.jpg

[73] Alexandramander, CC BY-SA 4.0 <https://creativecommons.org/licenses/by-sa/4.0>, vía Wikimedia Commons: https://commons.wikimedia.org/wiki/File:Yin_and_yang_with_yin_to_the_left.png

[74] Thomas Nordwest, CC BY-SA 4.0 <https://creativecommons.org/licenses/by-sa/4.0>, vía Wikimedia Commons: https://commons.wikimedia.org/wiki/File:Buddha_in_Meditation_2023-05-11-22.jpg

[75] Brett Vachon de Montreal, Canadá, CC BY 2.0 <https://creativecommons.org/licenses/by/2.0>, vía Wikimedia Commons: https://commons.wikimedia.org/wiki/File:Entrance_to_Temple_of_Confucius,_Qufu,_China_(29859087771).jpg

[76] Zgpdszz, CC BY-SA 3.0 <https://creativecommons.org/licenses/by-sa/3.0>, vía Wikimedia Commons: https://commons.wikimedia.org/wiki/File:Spring_Temple_Buddha_picturing_Vairocana,_in_Lushan_County,_Henan,_China.png

[77] AlexHe34, CC BY-SA 3.0 <https://creativecommons.org/licenses/by-sa/3.0>, vía Wikimedia Commons: https://commons.wikimedia.org/wiki/File:Commentaries_of_the_Analects_of_Confucius.jpg

[78] Omer Farooq, CC BY-SA 3.0 <https://creativecommons.org/licenses/by-sa/3.0>, vía Wikimedia Commons: https://commons.wikimedia.org/wiki/File:Silk_Route_by_the_side_of_Indus_River.jpg

[79] https://commons.wikimedia.org/wiki/File:(Ferdinand_von_Richthofen)_-_Ernst_(...)Milster_Ernst_btv1b84510245_(recortado).jpg

[80] *VK Cheong, CC BY-SA 3.0 <https://creativecommons.org/licenses/by-sa/3.0>, vía Wikimedia Commons: https://commons.wikimedia.org/wiki/File:Tang_-_Ferghana_War_Horse.JPG*

[81] *Christopher de Shanghai, China, CC BY 2.0 <https://creativecommons.org/licenses/by/2.0>, vía Wikimedia Commons: https://commons.wikimedia.org/wiki/File:Colorful_Spices_and_Teas.jpg*

[82] *Kaidor, CC BY-SA 4.0 <https://creativecommons.org/licenses/by-sa/4.0>, vía Wikimedia Commons: https://commons.wikimedia.org/wiki/File:Silk_Road_in_the_I_century_AD_-_en.svg*

[83] *lensnmatter, Dominio público, vía Wikimedia Commons: https://commons.wikimedia.org/wiki/File:Spice!_(4564585094).jpg*

[84] *Party Fabrics, CC BY-SA 2.0 <https://creativecommons.org/licenses/by-sa/2.0>, vía Wikimedia Commons: https://commons.wikimedia.org/wiki/File:China_silk-crystalblue.jpg*

[85] *Hiart, CC0, vía Wikimedia Commons: https://commons.wikimedia.org/wiki/File:Chinese_wine_ewer,_Ming_dynasty,_early_15th_century,_porcelain_with_glaze,_Honolulu_Academy_of_Arts.JPG*

[86] *Editor at Large, CC BY-SA 2.5 <https://creativecommons.org/licenses/by-sa/2.5>, vía Wikimedia Commons: https://commons.wikimedia.org/wiki/File:CMOC_Treasures_of_Ancient_China_exhibit_-_jade_disk.jpg*

[87] *Editor at Large, CC BY-SA 2.5 <https://creativecommons.org/licenses/by-sa/2.5>, vía Wikimedia Commons: https://commons.wikimedia.org/wiki/File:Ancient_Chinese_Writing_on_Western_Zhou_Bronze_Lai_Plate.jpg*